GOOD TO SMART

착한 기업? 이젠 스마트 기업이다!

GOOD TO SMART

굿 투 스마트

문휘창 지음

왜 스마트해야 하는가

"받은 게 있으니 사회를 위해 돌려주는 것은 당연한 일이죠."

사회 구성원으로서 책임 의식을 갖고 사회 환원을 실천하는 활동에는 크게 두 가지가 있다. 첫째는 '착한 나눔'이고, 둘째는 '가치 창출'이다. 이 책에서는 후자를 다루고자 한다. 자선사업가나 비영리단체, 대학 동아리 등은 자산이나 재능을 남에게 베푸는 착한 나눔을 목적으로 하지만 이윤을 추구하는 기업은 단순한 나눔보다는 가치 창출에 우선순위를 두는 것이 바람직하다.

이러한 주장은 세계적인 경영학자인 마이클 포터Michael E. Porter 하버드대 교수에 의해 체계적으로 제시되었다. 얼마 전 마이클 포터 교수가 우리나라를 방문해 이에 관한 특별 강연을 했다. 당시 필자는 패널 세션에서 좌장을 맡아 심도 있는 토론 시간을 이끌었는데, 우리나라 비즈니스 리더들이 기업의 사회적 책임에 대해 뜨거운 관심을 가지고 있음을 알 수 있었다.

마이클 포터 교수가 이야기하는 핵심은 '공유 가치 창출Creating Shared Value, CSV'이다. 기업이 돈을 많이 번다고 해도 기업 경영 결과인 이익을 사회와 직접 나누는 것보다는 경영 과정과 관련된 사회 분야에서 상호 협력을 통해 가치를 창출하는 것이 기업과 사회에 더 큰 도움이 된다는 것이다.

과거에는 기업과 사회의 관계를 제로섬zero-sum으로 보았기 때문에 기업이 사회를 기반으로 돈을 벌면 사회에 어느 정도 나누어주는 것을 당연하게 여기는 경우가 많았다. 이때 기업이 사회에 기여하는 활동은 '기업의 사회적 책임Corporate Social Responsibility, CSR'이라는 관점에서 보게 된다. 그러나 마이클 포터 교수는 이제 이러한 CSR이 CSV로 바뀌어야 한다고 주장한다. 기업과 사회의 관계를 서로에게 득이 되는 윈윈win-win 게임으로 인식하고 기업이 올바른 전략을 수행해야 사회와의 관계도 좋아지고 경제 발전에도 큰 도움이 된다는 것이다. 또한 기업이 혁신을 통해 수익성을 높이면서 사회문제 해결에도 기여해 경제적·사회적 가치의 총량을 키우고자 노력한다면 자본주의가 그 지평을 넓히게 되어 새로운 도약을 할 것이라고 이야기한다.

그의 이러한 주장은 현재 우리 사회에 중요한 시사점을 준다. 우리 사회의 분위기는 소위 '잘나가는' 기업을 탐탁지 않게 여기는 경향이 있다. 이는 기업과 사회의 관계가 올바르게 정립되지 않았기 때문이다. 한국 경제가 짧은 기간에 급성장을 하면서 경제적 양극화가 실제적으로나 심리적으로나 심화됐기 때문에 이런 현상이 두드러지게 나타나는 것이다.

그러나 한국 경제가 새롭게 도약하기 위해서는 착한 나눔과 가치 창출에 대해 다시 한 번 깊이 생각해야 한다. 사람들은 기업이 '조건 없는 나눔'으로 '착한 기업'이 되기를 원할지 모르겠으나 기업의 본질은 '이윤 창출'을 통한 '지속 성장'이다. 기업의 가장 중요한 역할은 많은 일자리를 창출하고, 좋은 상품과 서비스를 값싸게 만들어서 소비자에게 공급하고, 세금을 제대로 내는 것이다. 물론 여기서 법을 지키고 윤리경영을 하는 것은 기본이다.

기업이 사회책임 활동을 할 때는 그저 좋은 게 좋다는 식으로 무조건적으로 퍼줄 수만은 없다. 기업이 사용할 수 있는 시간과 자원이 한정되어 있기 때문이다. 따라서 기업은 사회적 활동을 하더라도 기업과 사회가 윈윈 할 수 있는 전략을 실천하는 '스마트 기업'이 되어야 한다. 즉, '기업의 사회적 책임'을 '기업의 사회적 기회'로 만들어야 한다.

오늘날 우리 기업들은 다양한 사회참여 사업을 벌이고 있지만 앞으로 어떤 전략을 가지고 나가야 할지, 얼마나 더 힘을 쏟아야 할 것인지 많은 부분을 고민하고 있다. 이러한 상황에서 업계뿐 아니라 학계에서도 올바른 대응책과 방향을 보여주지 못하고 있다. 이 책은 이에 관한 해결 방향과 방법론을 제시하고자 기획되었고, 일부 내용은 〈동아비즈니스리뷰〉에 실려 큰 호응을 얻은 바 있다. 기업의 진정한 역할을 중심으로 사회책임 활동에 관한 전반적인 내용을 다루었기에 기업의 본질을 주제로 하는 책이라고 볼 수 있다. 따라서 기업의 사회적 책임에 국한되기보다는 기업 경영에서 빚어지는 문제의 근본적인 해결책에 대한 통찰적 시각을 발견할 수 있을 것이다.

이 책은 마이클 포터 교수의 이론을 기본으로 하고 있지만 이를 더 발전시켜서 주요 개념과 전략을 다음과 같이 구체적으로 제시했다.

먼저 파트 1에서는 기업의 사회책임 활동을 단계별로 살펴봄으로써 기업의 이익과 사회적 이익이 상호 발전할 수 있는 가능성에 대해 알아보았다. 마이클 포터 교수는 CSR을 CSV로 바꾸라고 주장하지만 사실 CSR과 CSV는 서로 비교의 대상이 될 수 없다. 기업의 사회적 책임을 일컫는 CSR의 반대 개념은 CSV가 아니라 '기업의 사회적 기회Corporate Social Opportunity', 즉 CSO다. 공유 가치 창출을 주장하는 CSV는 CSR을 CSO로 바꾸는 데 필요한 방법론이다. 이러한 개념과 다양한 사회책임 활동의 목적을 명확히 구별하기 위해 CSR과 CSO를 각각 2단계로 구분해 모두 4단계의 사회책임 활동에 대해 설명했다.

파트 2에서는 기업의 본질과 상충되는 사회책임 활동의 대표적인 사례들을 살펴봄으로써 지금까지의 일반적인 CSR 활동에 대한 문제점을 짚어보았다. 마이클 포터 교수는 주로 선진국의 기업 사례를 통해 윤리경영을 기본으로 전제한 상태에서 더욱 효율적인 경영 방법에 초점을 두었다. 하지만 아직 우리의 기업 현실을 비추어보면 윤리경영이 철저하게 이뤄지지 않는 경우가 적지 않다. 그리하여 파트 2에서는 스마트 기업, 착한 기업, 이기적 기업, 멍청한 기업의 네 가지 형태로 기업의 유형을 구분했으며, 다양한 기업 사례 분석을 바탕으로 스마트 기업으로 거듭나기 위한 조건을 알아보았다.

파트 3에서는 기업이 사회책임경영을 통해 더 나은 가치를 창출할 수 있는 구체적인 전략을 소개했다. 마이클 포터 교수는 이와 관련해 최근 2011년 논문에서 세 가지 단계별 전략을 설명했는데, 이 책에서는 이를 수정 보완해 4단계의 체계적인 전략을 제시했다. 또한 우리나라의 많은 기업가와 실무자에게 도움이 될 수 있도록 한국 기업의 사례와 중소기업의 사회책임 전략에 대해서도 다루었다.

모쪼록 사회공헌 사업에 뜻을 둔 기업 그리고 이미 다양한 방식으로 사회책임경영을 시도하고 있지만 그 결과에 대해 만족하지 못하는 기업들이 이 책에서 실용적인 해법을 찾을 수 있기를 바란다. 아울러 독자 여러분이 사회의 구성원으로서 기업에 대해 사회적 책임을 요구하고 그 과정과 결과를 지켜보는 데 도움이 되었으면 하는 바람이다.

끝으로 이 책을 집필하는 과정에서 특별한 책임감과 열성적인 노력으로 도움을 준 서울대학교 국제대학원 박사과정의 박지민, 임소현과 석사과정의 박나리, 김소현에게 큰 고마움을 전한다.

2012년 3월
문휘창

| 차례 |

프롤로그_ 왜 스마트해야 하는가 · 4

Part 1
왜 사회공헌에 팔 걷어붙이고 나설까? · 15

모른 척 외면하다간 살아남을 수 없으니까 : 생존을 위한 CSR · 23
깨진 유리창 법칙 · 26 | 어떻게 위기를 뚫고 나갈 것인가 · 28
우리나라 CSR에는 시즌이 있다? · 32 | 이벤트로는 방패막이가 안 된다 · 36

좀 더 좋은 세상을 위해 이 정도 희생쯤이야 : 자기만족을 위한 CSR · 39
누가 시켜서가 아니라 내가 좋아서 한다 · 40 | 좋은 기업시민이 되겠습니다 · 43
바로 '우리'가 해낸 겁니다 · 46 | 착한 부잣집의 불편한 진실 · 49
착하다고 경영을 잘할까? · 54

기업의 이미지를 파는 시대, 사회책임경영이 답 : 이미지 제고를 위한 CSO · 59
우리는 착한 '기업'입니다 · 62 | 우리는 착한 '제품'입니다 · 67
소비자는 호락호락하지 않다 · 70

'책임'이 아닌 결정적 '기회'이기 때문에 : 경쟁력 강화를 위한 CSO · 75
포장만 줄여도 환경 운동이 된다 · 79 | 할리우드에 하이브리드 차가 떴다! · 81
130년 전 노벨은 이미 CSO를 알았다 · 84

핵심 정리 · 89

GOOD TO SMART

Part 2
착한 기업을 넘어 스마트 기업으로 · 93

멍청한 기업, 이기적 기업, 착한 기업, 스마트 기업 · 99
세상엔 네 종류의 기업이 있다 · 101 | 윤리경영과 경영전략은 기본 · 104

조건 없는 나눔에 박수를 보내기 전에 · 109
기업의 본질에 충실한가? · 111 | 경영자가 회사와 개인을 헷갈리진 않았는가? · 113
고객의 지갑을 이용한 마케팅은 아닌가? · 116 | 정말 '자선' 덕분인가? · 119

도덕적 가치는 이제 기본 자산이다 · 124
반칙을 하면 지속 성장은 없다 · 126 | 대한민국에는 착한 기업이 많다? · 129

제로섬 게임이 아니라 윈윈 게임이다 · 133
기업과 사회의 선순환 관계 · 136 | 단순한 이익 재분배를 넘어서 · 141
마이크로소프트의 똑똑한 선택 · 143

핵심 정리 · 150

Part **3**
어떻게 두 마리 토끼를 동시에 잡을 것인가 · 153

전략 1: 자신 있는 핵심 분야를 선택한다 · 158
경쟁우위와 사회적 이슈, 그 접점을 찾아라 · 159
우리 회사가 속한 업종의 특성은? · 163 | 핵심역량과 미래 가치 · 168

전략 2: 해당 분야의 가치사슬에서 취약한 부분을 파악한다 · 174
가치사슬을 들여다보면 CSO가 보인다 · 176
주 활동과 지원 활동에서 찾은 사회책임경영 · 179
가치사슬 안에서 연결시켜보자! · 184

전략 3: 고객이 필요로 하는 사회적 이슈로 시장을 통찰한다 · 189
'고객 중심'인가 '기업 중심'인가 · 190 | 쿠팜 프로젝트에서 발견한 가능성 · 193
가자, 새로운 시장이 기다리고 있다 · 196

전략 4: 관련 기관과 함께 클러스터를 형성한다 · 199
여럿이 뭉치면 힘이 더 세진다 · 200 | 성공적인 CSO 클러스터의 조건 · 206

GOOD TO SMART

대한민국 대표 착한 기업 유한킴벌리의 다음 행보는? · 209
푸른 숲에 투자한 성과 · 210 | 스마트 기업으로 가는 길 · 213

'그 나물에 그 밥' 식의 공헌은 안 통한다 · 218
중소기업은 사회공헌 못하나? · 219 | 사회책임경영에도 연구와 개발이 필요하다 · 224
끊임없는 피드백은 또 하나의 전략 · 230

핵심 정리 · 232

에필로그_ 기업의 사회적 책임은 기업의 새로운 기회다 · 234

참고 문헌 · 238

Part 1
GOOD TO SMART

왜 사회공헌에
팔 걷어붙이고
나 설 까 ?

기업의 사회책임경영에 대한 인식이 높아지면서 사회는 기업에 좀 더 적극적인 활동을 기대하게 됐다. 기업은 이에 부응하고자 여러모로 노력을 기울이고 있다. 회사 홈페이지나 지속가능경영 보고서, 언론 매체를 통해 사회공헌 활약상을 소개하는 데도 열심이다.

질문을 하나 하겠다. '기업의 사회적 책임' 또는 'CSR'이라는 말을 들었을 때 가장 먼저 어떤 이미지를 떠올리게 되는가? 추운 연말 직원들이 한자리에 모여 연탄을 나르거나 김장을 하는 모습, 임직원들이 사회복지시설을 방문해 생필품을 전달하는 모습, 아니면 수해 복구 현장이나 기름 유출 사고 지역을 찾아 봉사 활동을 하는 모습이 머릿속에 그려지지 않는가? 실제로 많은 기업이 이러한 활동을 전형적인 기업의 사회적 책임 활동이라고 생각하고 있다.

물론 이렇게 봉사하며 좋은 일에 동참하는 기업들은 그렇지 않은 기업보다 칭찬받고 격려받아야 마땅하다. 하지만 연말이면 불우이웃에게 연탄과 쌀을 주는 것이 그들의 경제적 자립을 위한 근본적인 해결책이 될 수 있을까? 매년 똑같은 행사만 반복할 게 아니라 기업과 사회에 더욱 보탬이 되는 다른 공헌 활동도 할 수 있지 않을까? 직원들을 하루 이틀 재난 피해 현장에 보내 복구 작업에 투입했을 때 그들이 회사에서 일해서 생산하는 가치보다 더 많은 가치를 창출했는가?

또한 그것이 누구를 위한 사회책임 활동인지를 정확히 알아야 한다. 만약 정작 수혜자는 별로 큰 도움을 받지 못했다면 기업만을 위한 활동이 아니었는지 다시 한 번 생각해봐야 한다. 경영자 개인의 철학이나 만족을 위한 행위가 아니었는지, 혹은 기업의 마케팅 효과나 이미지 관리만을 목적으로 한 행동이 아니었는지 되짚어봐야 한다. 이에 따라 기업의 사회책임 활동의 효과와 수혜 범위가 달라지기 때문이다.

당신이 몸담은 회사는 사회적 책임을 전략적으로 수행하고 있는가? 아니면 그저 맹목적으로 행하고 있는가? 어떻게 하면 사회책임경영을 전략적으로 기획하고 실천할 수 있을까? 구체적인 전략을 논하기에 앞서 현재의 상황부터 정확히 파악해야 한다. 이를 위해 기업이 사회책임 활동에 임하는 동기가 무엇인지 분석함으로써 전반적인 현주소를 살펴보기로 한다.

기업은 무엇 때문에 사회책임 활동에 뛰어들고 있을까? 그 목적은 기업마다 다르다. 필자가 다양한 사례를 조사한 결과, 다음과 같이 4단계로 나누어볼 수 있었다. 첫째, 사회적 압박 때문에 마지못해 하는 생존을 위한 사회책임 활동. 둘째, 자기만족을 위한 사회책임 활동. 셋째, 기업 이미지를 높이기 위한 사회책임 활동. 마지막으로 경쟁력 강화를 위한 사회책임 활동이다.

[그림 1-1]을 보면 사회적 책임을 수행하는 데 고도의 전략이 요구되

는 수준(X축)과 이러한 전략이 기업의 예상 손익에 끼치는 결과(Y축)에 따라 단계가 구별된다. 단계가 높아질수록 더욱 정교한 전략을 필요로 하며 기업과 사회 모두에 돌아가는 혜택이 늘어난다.

아래쪽의 1, 2단계는 사회에는 이롭지만 기업 입장에선 별다른 이익이 없는 '기업의 사회적 책임Corporate Social Responsibility, CSR'으로, 다음 3, 4단계는 사회와 기업의 이익을 모두 창출하는 '기업의 사회적 기회Corporate Social Opportunity, CSO'로 명명했다. 여기서 CSO란 단순한 사회공헌을 넘어

| 그림 1-1 | **기업의 사회책임 활동의 4단계**

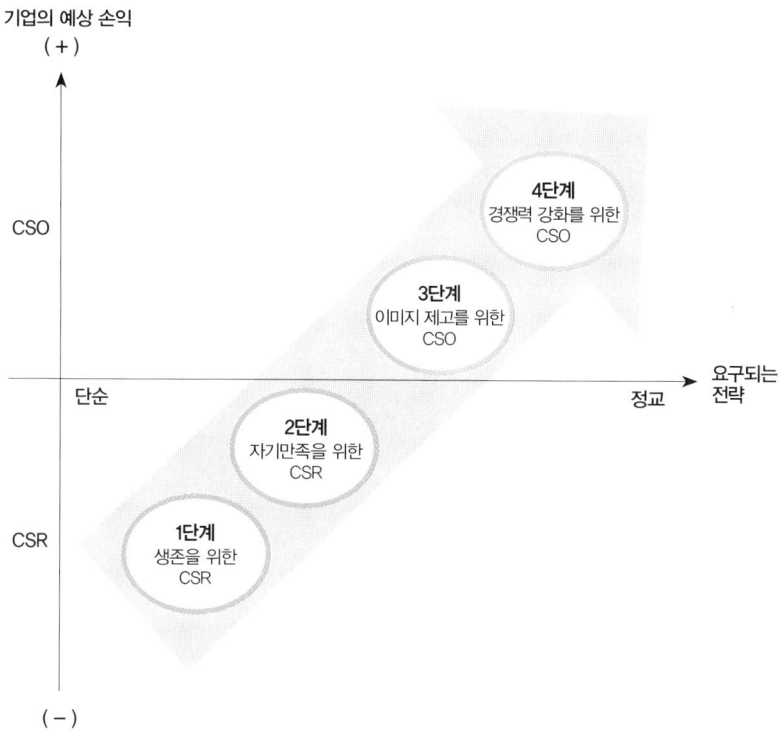

전략적 실행을 통해 사회의 이익은 물론 기업의 이익도 함께 추구한다는 새로운 개념이다.*

금전적인 손해를 예상하면서 사회적 책임을 수행하는 경우 그 기업은 그러한 활동을 기업이 짊어져야 할 '책임'으로 인지하고 있다고 볼 수 있다. 반면에 사회책임 활동을 통해 기업 역시 이득을 볼 것이라고 기대하는 경우 그 기업은 그러한 활동을 '책임'이 아닌 '기회'로 바라보는 것이다.

1단계 생존을 위한 CSR
: 어쩔 수 없이 사회적 요청에 부응한다

기업이 생존을 위해 사회적 책임 활동을 하는 단계로, 사회의 거센 반발에 부딪혀 시작하는 '위기관리형'과 기업에 손실을 가져올 수 있는 사회적 반발이 두려워 예방 차원에서 이행하는 '사전 예방형'으로 나뉜다. 기업이 큰 손실을 본다고 하더라도 사회적 책임을 수행해야 한다고 판단하기 때문에 기업 입장에서 CSR은 부득불不得不한 지출로 여겨진다. 사회의 요구에 반응해 사회책임 활동을 하는 것이므로 특별한 전략이 요구되지는 않는다.

---

* 'CSO'라는 용어는 다른 문헌에서도 간혹 사용되고 있지만 이 책에서 정의하는 것과 같이 체계적으로 설명하고 있지 않다. 예를 들어, 데이비드 그레이슨과 애드리언 호지스가 쓴 《Corporate Social Opportunity!》(2004)는 CSO 전략의 중요성을 강조하는 데 공헌했지만 구체적인 상황 분석과 기업과 사회가 상호 원원 할 수 있는 정교한 전략에 대해서는 다루지 않았다.

2단계 자기만족을 위한 CSR

: 기업 철학을 위해 얼마간의 손해를 감수한다

'자기만족' 때문에 사회책임을 실천하는 기업도 있다. 기업의 경영 철학에 따라 또는 CEO의 개인적인 의지에 따라 이루어지는 '도덕적 만족형'과 사회책임경영을 통해 자부심을 느끼는 '자아도취형'으로 나눌 수 있다. 기업은 사회공헌을 통해 자기만족을 얻기 때문에 재정상 손실이 발생하더라도 감수하려고 한다. 사회의 요청을 따른다기보다는 사회적 책임 활동에 자발적으로 임하는 특성을 가지고 있기에 '생존을 위한 CSR'보다는 더 많은 고민을 거쳐 CSR을 실시하게 된다. 하지만 이 단계에서 요구되는 전략 수준은 여전히 낮은 편에 속한다.

3단계 이미지 제고를 위한 CSO

: 기업 평판을 염두에 두고 사회에 기여한다

이 3단계부터 사회와 기업의 이익을 함께 추구하는 CSO가 시작된다. 기업 이미지를 높이기 위해 사회적 책임을 수행하는 이 단계는 기업의 전체적인 브랜드 가치 제고를 위한 '브랜딩형'과 CSO를 마케팅에 접목해 특정 상품의 매출 상승을 추구하는 '착한 마케팅형'이 있다. 이 단계에서는 사회공헌 활동을 통해 기업의 이윤이 어느 정도 창출될 수 있다. 하지만 CSO가 궁극적으로 기업의 생산으로까지 연결되지는 못해 이윤을 창출하는 데 한계가 있다. 이전 단계들과 달리 기업과 사회의 이익을 동시에 추구하므로 기업의 사회책임 활동을 보다 전략적으로 계획하고 진행하게 된다.

4단계 경쟁력 강화를 위한 CSO

: 사업적으로 도약하기 위한 전략적 기회로 삼는다

마지막 단계는 기업이 자사의 경쟁력을 높이면서 동시에 사회적 책임을 수행하는 것이다. 사회적인 요구를 생산과정에 적극적으로 반영해 효율성을 높이는 '생산 효율성 전략형'과 사회에 기여하는 동시에 제품을 차별화하고 새로운 시장을 개척하는 '차별화 전략형'으로 나눌 수 있다. 이 단계에서 사회적 책임은 기업의 전반적인 활동에 반영되어 최대한의 이윤 창출 효과를 낼 수 있다. 이런 경우 CSO는 기업의 경영과도 밀접히 관련돼 있기 때문에 이를 시행하기에 앞서 많은 고민을 하게 된다. 따라서 4단계 중 가장 정교한 전략이 요구된다.

모른 척 외면하다간
살아남을 수 없으니까
생존을 위한 CSR

2011년 5월 14일, 광화문에서 열린 '세계 공정무역의 날' 기념 캠페인에 스타벅스Starbucks가 참여했다. 스타벅스는 이날 행사장을 찾은 방문객에게 공정무역 인증 원두로 만든 커피를 무료로 제공하고, 공정무역 인증 원두와 머그컵, 손수건을 판매했다. 스타벅스의 공정무역 지지 활동은 수년째 이어지고 있다. 2005년부터 세계 최대의 공정무역 인증 커피 구매업체로서 입지를 다지고 있는데, 2009년에는 전년 대비 2배 이상 증가한 1800만 킬로그램의 공정무역 인증 커피를 구매하고 약 560만 유로(약 82억 원)에 달하는 공정무역 프리미엄을 공정무역 인증 단체에 지불하기도 했다.[1]

그러나 스타벅스가 1971년 시애틀에 처음 문을 열었을 때부터 공정무역에 관심을 가졌던 것은 아니다. 스타벅스의 공정무역 거래 역사는 이제 막 10년을 넘어섰을 뿐이다. 그 시작은 자발적이기보다는 외부의 요구에 의한 것이었고 기업의 생존을 위한 것이었다. 그렇다면 스타벅스는 무엇 때문에 공정무역에 뛰어들게 되었을까?

2000년 4월, 미국의 시민단체 활동가들은 스타벅스 앞에 모여 대규모 항의 시위를 벌이기로 했다. 스타벅스의 불공정 거래로 인해 개발도상국의 농부들이 노동에 대한 정당한 대가를 받지 못하고 있다는 이유에서였다. 당시 미국의 시민단체들은 스타벅스가 저소득 노동자에게 정당한 대가를 지불해 노동자들이 일정 수준의 삶을 영위할 수 있도록 도와줘야 한다고 주장했다.

스타벅스는 자사가 그러한 요구에 응하지 않는다면 사회의 반발로 인해 큰 위기를 겪게 될 것이라고 내다봤다. 그리고 부정적인 결과는 사전에 예방하는 게 좋다는 판단을 내렸다. 대규모 시위가 계획된 하루 전날, 공정무역 인증 커피를 구매하기로 약속함으로써 시민단체들의 요구를 받아들였고 다행히 브랜드의 명성을 지킬 수 있었다. 이러한 스타벅스의 결정은 중요한 전환점이 되었고, 오늘날 스타벅스가 실천하는 사회공헌의 가장 큰 특징인 공정무역 거래의 첫걸음이 되었다.

스타벅스의 이러한 처신은 '학습 효과' 덕분에 가능했다. 일찍이 사회의 요구 또는 기대에 부응하지 못해 위기를 겪은 기업들을 봐왔던 것이다. 의도치 않게 먼저 위기를 겪어서 오늘날까지 많은 기업에 반면교사가 되는 대표적인 곳 중의 하나가 바로 글로벌 기업 나이키Nike다.

1996년 미국 잡지 〈라이프Life〉 6월호에 열두 살 된 파키스탄 소년의 사진이 실렸다. 사진 속 소년은 나이키의 로고가 그려진 축구공을 꿰

매고 있었는데, 이로 인해 나이키는 아동의 노동력을 착취하는 회사로 낙인찍히게 됐다. 사실 그 사진에 나타난 아동 노동은 나이키 본사 직영 업체가 아닌 나이키가 아웃소싱한 하도급업체에서 일어난 일이었다. 나이키는 이미 1992년부터 기업윤리규범을 규정해 실행하고 있었지만 사회의 거센 비판이 쏟아지면서 시민들 사이에서 불매운동이 일기 시작했다. 그 여파로 나이키의 주가는 곤두박질쳤고 영업이익은 37%나 떨어지며 기업 이미지에 큰 타격을 입었다.

이에 나이키는 사회책임 활동을 적극적으로 벌여나갔다. 1998년부터 '생산 선도 기업체제'를 도입해 가격, 납기, 제품의 질, 기업책임 등 네 가지 기준에서 나이키의 기준에 부합하는 기업들과 배타적 계약을 맺고 부품업체들에도 '기업윤리규범'을 요구했다.

이처럼 첫 번째 단계인 '생존을 위한 CSR'은 그 동기가 내부에 있는 것이 아니라 외부에 있다. 이 경우 사회책임 활동은 기업에 닥친 위기를 극복하기 위한, 아니면 앞으로 맞닥뜨릴 수 있는 만일의 사태를 대비하기 위한 방편에 지나지 않는다. 이때 기업 입장에서 CSR이란 사회의 매서운 눈초리로 인해 마땅히 수행해야 하는 의무 아닌 의무가 되어버린다. 이런 경우 사회책임 활동은 '비용'이 들어가는 일로 인식되지만 기업은 어쩔 수 없이 재정상의 출혈을 감수하게 된다.

깨진 유리창 법칙

〈이코노미스트The Economist〉는 "'올바른 일을 하다' '경쟁자에게 트럼프 카드를 내놓다' 등의 미사여구를 쓰면서 CSR에 대해 논하지만, 대부분 현실은 순전히 위기관리를 위해 이뤄지는 경우가 많다"고 하면서 생각보다 많은 기업이 사실은 기업의 생존을 위해 CSR을 시행하고 있다고 지적한다.[2] 기업들은 어떤 상황에 처했을 때 살아남기 위해 사회책임 활동을 벌이게 될까? 이는 '깨진 유리창 법칙Broken Window Theory'으로 쉽게 이해할 수 있다.

깨진 유리창 법칙이란 깨진 유리창 하나를 방치한 것 때문에 그 지점을 중심으로 범죄가 확산될 수 있다는 범죄심리학 이론이다. 별생각 없이 지나친 사소한 결점이 나중에 큰 문제를 일으키는 원인이 된다는 말인데, 마케팅 전문가인 마이클 레빈Michel Levine이 이 이론을 기업 경영과 조직 관리에 적용하면서 경제 용어로도 사용되고 있다. 마이클 레빈은 회사의 미래 전략을 잘 짜는 것 못지않게 '깨진 유리창'을 관리하는 것이 중요하다고 주장한다. 고객이 겪은 한 번의 불쾌한 경험, 한두 명의 불친절한 직원 등 작은 실수가 회사의 앞날을 좌우한다는 것이다.

이와 유사한 심리학 용어로 '악마 효과devil effect'가 있다. 악마 효과란 어떤 사람이 가지고 있는 한 가지 단점으로 인해 그와 무관한 다른 특성들까지 부정적으로 평가하게 된다는 것을 뜻한다. 우리나라 연예계를 보면 악마 효과의 사례를 종종 찾아볼 수 있다. 뛰어난 자질을 갖추었음에도 불구하고 몇몇 연예인은 병역기피나 상습 도박 등의 문제로 한순간에 높은 인기를 잃어버리고 만다. 비윤리적인 행동이 대중의 뇌리에 한번 박히면 연예 활동 자체가 어려울 만큼 치명타가 되기도 한다.

어떤 기업이 양질의 제품, 합리적인 가격, 뛰어난 서비스 등으로 소비자 만족도가 '100'으로 매우 높다고 치자. 이렇게 잘나가는 기업이라 하더라도 '1'이라는 수치의 작은 실수는 대중이 갖고 있는 호의적인 인식을 단번에 반전시킬 수 있다. CSR의 관점에서 그 실수는 기업이 사회가 요구하는 윤리적인 기준이나 환경적인 기준에 부합하지 못하는 것이다.

이에 대한 사례로 미국의 엔론Enron Creditors Recovery Corporation을 들 수 있다. 엔론은 2000년대까지 미국과 유럽에서 거래하는 에너지의 20%를 담당하던 거대 에너지 기업으로, 에너지 중개 사업Internet Brokerage에 진출해 막대한 수익을 거두며 미국 경제에 영향력을 끼쳤다. 엔론은 1996년부터 2001년까지 6년 연속으로 〈포춘Fortune〉에서 '미국의 가장 혁신적인 회사'로 선정되기도 했다. 또한 기부와 자선 등으로 기업의 사회공헌을 강조해 자선 활동에 관한 상도 받았다.

그러나 분식 회계를 해온 사실이 드러나면서 부정부패 스캔들에 휩싸였다. 엔론의 주가는 30%로 떨어졌으며 결국 2001년 12월에 파산 신청을 하기에 이르렀다. 엔론은 다른 기업에 자사를 인수 합병해주기를 요청했지만 이미 대외적인 이미지가 나빠질 대로 나빠진 엔론을 인수 합병하겠다고 나서는 기업은 없었다. 결국 엔론은 기업의 사회적 책임의 기본이 되는 윤리경영을 실천하지 못해 파국을 맞고 말았다.

어떻게 위기를 뚫고 나갈 것인가

엔론과 같은 최악의 상황을 겪지 않기 위해 기업이 사회적 책임 활동을 시행하는 경우, 기업의 궁극적인 목적은 망하지 않는 것이다. 기업들은 오늘날 사회가 기업에 일정 수준의 사회적 책임을 요구하고 있음을 인지하고 있다. 기업이 그러한 사회적 요청을 무시하면 국민 정서를 거스른 대가로 위기를 겪을 수 있다는 사실도 익히 잘 알고 있다.

기업이 위기를 겪으면 구성원 간에 아니면 기업과 사회 간에 긴장감이 팽팽히 고조되는 선에서 끝날 수도 있지만, 그 위기가 커질수록 언론과 정부의 감시가 심화되면서 기업의 정상적인 운영이 어려워질 수 있다. 그에 따라 지금껏 쌓아온 긍정적인 기업 이미지가 손상될 뿐만 아니라 자칫 잘못하면 기업은 생존의 기로에 서게 된다. 기업들은 이러한 사태를 예방하기 위한 하나의 방편으로 기본적인 수준의 사회책임 활동을 행하게 되는데, 이것이 곧 '생존을 위한 CSR'이다.

생존을 위한 CSR에는 가지각색의 다른 배경이 존재한다. 그 배경이 무엇이든 간에 생존을 위한 CSR에는 절대적인 대전제가 존재한다. 바로 '비자발성'이다. 이것이 너무나도 당연하고 자명한 것이, 생존을 목적으로 하는 CSR은 그 궁극적인 목적 자체가 '대중의 지탄으로 인한 기업의 명성 훼손'이라는 부정적인 결과를 면하는 데 있기 때문이다. 앞에서도 언급했듯이 생존을 위한 CSR의 경우 사회적 책임을 이행하려는 동기 자체는 기업 내부에 있는 것이 아니라 기업 외부에 존재하며, 이에 따라 기업은 소극적이고 수동적으로 사회적 책임을 이행하게 된다.

생존을 위한 CSR을 시행하는 기업은 "우리는 당신들이 요구하는 사회적 책임의 기준을 충족하고 있습니다"라고 표현하기 위해 때때로 내키지 않는 선택도 해야만 한다. 따라서 기업의 사회책임 활동은 소극적으로 실행되는 대외용 활동에 불과할 수도 있다. 사회적 책임을 체계적으로 이행하기보다는 주먹구구식으로 '눈 가리고 아웅' 하는 데 그치기 쉽다. 기업이 주체가 되어 사회의 니즈needs가 무엇인지 파악하고 나서는 것이 아니라 대중의 눈치를 살피며 그들이 말하는 '기업이 지켜야 할 최소한의 사회적 책임'에 맞춰 행동하게 되는 것이다. 기업 입장에선 지출하고 나면 회수가 불가능한 '매몰비용sunk cost'으로 CSR을 인식하게 돼 단발적인 활동으로 끝나기도 한다.

생존을 위한 CSR은 다시 두 가지 유형으로 나눌 수 있다. 사후 처리 방법으로서 기업에 이미 닥친 위기를 극복하기 위한 '위기관리Risk Management' 형과 사회의 반발로 인한 기업의 위기를 미리 예방하기 위한 '사전 예방Proactive Management' 형이 있다.

1) 위기관리

비윤리 경영이나 환경문제를 일으키는 사업 때문에 기업이 사회의 저항에 부딪힐 때가 많다. 이런 저항은 흔히 항의나 시위, 불매운동으로 나타나고, 기업의 급격한 수익 감소를 가져오는 원인이 되기도 한다. 결국 기업은 맞닥뜨린 위기를 수습하기 위해 CSR을 실시하게 된다.

1991년 글로벌 정유업체 로열더치셸Royal Dutch Shell은 석유 채취 플랫폼 브렌트 스파Brent Spar를 폐기처분하고 거기서 나오는 폐기물을 영국 북해 지역에 버릴 계획을 세웠다. 1995년 영국 정부로부터 허가를 받았는데 이때 그린피스Greenpeace가 개입했다. 그린피스는 부표를 점령해 항의 시위를 벌였고 이는 곧바로 미디어를 통해 이슈화되었다. 이를 지켜본 사람들은 로열더치셸 제품 불매운동을 시작했다. 그럼에도 불구하고 로열더치셸은 본래의 계획을 강행하려고 했다. 이에 각종 언론에서는 이 사건을 '다윗과 골리앗의 싸움'이라고 대대적으로 보도했고, 결국 로열더치셸은 대중의 요구를 수용해 폐기물 처리 계획을 백지화했다. 이 사건은 로열더치셸이 기업의 사회적 책임에 대해 다시 생각하게 되는 계기가 되었다. 이후로 로열더치셸은 특히 환경 분야에 초점을 두고 NGO비정부기구와 파트너십을 맺으며 사회책임 활동에 힘쓰고 있다.[3]

2) 사전 예방

나이키와 로열더치셸의 사례는 기업이 사회의 압력에 부딪힌 후 이를 돌파하기 위해 CSR이 이뤄진 데 반해, '사전 예방'이 목적인 이 유형은 그와 같은 위기 상황을 미연에 방지하기 위한 측면이 강하다. 위기 예방 차원에서 사회책임 활동을 하는 기업은 사회로부터 야기될 수 있는 문제를 최소화하기 위해 최소한의 노력을 기울인다. 보통 사회가 바라는 것이 무엇인지 파악한 후 그 기대에 어긋나지 않기 위해 CSR을 시작한다. 그러므로 기업이 파악한 사회의 기대가 무엇이냐에 따라 책임 경영의 성격이 달라진다. 이와 같은 CSR은 기업이 자체적으로 사회공헌 전담 부서를 마련해 관리하거나 기업 간 네트워크를 형성해 시행되는 경우가 많다. 때로는 NGO와의 파트너십을 통해 이뤄지기도 한다.

영국의 DIY 가구 업체인 비앤큐B&Q는 수만 개에 달하는 상품을 모두 체계적으로 분석하고 있다. 환경보호에서 노동 조건에 이르기까지, 사회의 이슈를 상품에 대입해 자사의 제품에 잠재적인 '사회적 위험'이 존재하지 않는지 살핀다. 그리고 외부로부터 압력이 발생하기 전에 회사가 어떤 조치를 취해야 하는지 고민한다. 비앤큐 판매 상품의 22%는 목재이거나 목재와 관련된 상품인데 그중 99% 이상이 지속 가능한 숲 개발을 위해 일하는 기관에서 인증을 받은 것이다. 비앤큐의 CSR은 자사의 제품 공정에 초점이 맞춰져 있다. 이는 사회가 비앤큐에 가구업체로서 최소한의 윤리적이고 친환경적인 과정을 통해 제품을 만들기를 바라고 있다고 파악했기 때문이다.

그러나 한국 기업의 CSR은 앞서 언급한 사례들과 상황이 조금 다르다. 오늘날 한국 기업의 사회책임 활동을 살펴보면 특정한 시민 단체의 요구에 의해 시작된 경우보다 '기업은 마땅히 이익을 사회에 환원해야 한다'는 국민 정서 때문에 시작된 경우가 많다. 기업의 사회공헌에 대한 한국 사회의 기대감은 매우 높은 편이다. 국내 기업들이 창출한 부를 사회에 돌려줌으로써 사회에 보탬이 되기를 바라고 있다.

2009년 전국경제인연합회가 실시한 '기업 사회공헌에 대한 국민인식' 설문조사*는 국민이 기업의 사회공헌을 '기본'이라고 인지하고 있음을

---

* 전 세계적인 경기 침체 상황에서 기업의 사회공헌 활동 수준은 어떠해야 한다고 생각하느냐는 질문에 응답자의 35.5%가 '기업의 사회공헌 활동을 더욱 확대해야 한다'고 답했고, 25.0%가 '기업의 사정이 어려워도 사회공헌 규모를 전년 수준으로 유지해야 한다'고 답했다. '기업의 사회공헌 활동도 다소 축소될 수 있다'는 응답은 29.9%, '기업은 기부 등 사회공헌 활동을 굳이 하지 않아도 된다'는 응답은 1.7%를 차지했다.

보여준다. 전 세계적인 경기 침체로 인한 기업의 경영 성과 악화에도 불구하고 응답자의 60% 이상이 기업이 사회공헌 활동을 꾸준히 해야 한다고 응답했으며 1.7%만이 기업이 기부 활동을 하지 않아도 된다고 답했다. 생존을 위한 CSR이 중심인 한국 기업의 책임경영에는 '국민 정서'라는 중요한 배경이 자리하고 있다. 이러한 국민 정서는 현대사회에 들어서 지속적으로 이어져온 반反기업 정서에서 비롯되었다고 볼 수 있다. 왜 그런 것일까? 그 현상과 원인을 살펴보자.

우리나라 CSR에는 시즌이 있다?

우리나라 기업은 '시즌성' 사회공헌 활동을 하는 사례가 많다. 특히 겨울이 되면 기업들이 착해진다. 사랑의 김장 김치, 사랑의 연탄 나눔, 사랑의 집수리 등은 연말이 가까워질 때 신문과 TV에 자주 등장하는 기업의 봉사 활동 레퍼토리다.

이와 같은 기업들의 나눔 실천 덕분에 훈훈한 분위기가 조성된 것처럼 보이지만 이는 곧 단편적인 사회공헌 활동의 한계를 보여주는 것이다. 국내에 수천, 수만 개의 기업이 존재함에도 불구하고 기업의 사회적 책임 활동은 몇 가지 자선 활동으로 한정돼 있다. 또한 장기적, 지속적인 활동보다 특별한 시즌을 겨냥한 단기적, 즉흥적 활동이 많이 이뤄지는 편이다. 이유가 뭘까? 우리 기업들의 사회책임 활동이 시즌성을 띠게 된 배경을 이해하려면 한국 기업의 CSR이 어떻게 시작되었는지 살펴볼 필요가 있다.

1930년대부터 CSR에 대한 논의가 있었던 영국이나 1950년대에 CSR의 개념을 정립하기 시작한 미국, 일본에 비해 우리나라의 CSR 역사는 다소 늦게 시작됐다. 2006년 발간된 〈한국 기업의 사회책임경영 현황 및 전망에 관한 조사 보고서〉*에 따르면 우리나라는 민주주의가 확대된 1990년대 중반 이후부터 CSR에 대한 관심이 높아지기 시작했다.

30여 년 전만 해도 한국 기업은 사회적 책임에 전혀 관심이 없었다. 그도 그럴 것이 과거에는 기업이 수출을 증대시켜 경제 발전에 기여하거나 제품을 값싸게 공급하면 사회적으로 존경받을 수 있다는 인식이 지배적이었다. 이러한 사회 분위기에서 기업은 사회를 위해 다른 방식으로 기여할 필요성을 느끼지 못했다. 오히려 '압축 성장'이라는 이름으로 여러 기업의 부정행위가 암묵적으로 용인되기까지 했고, 이는 지금까지 이어지는 반反기업 정서의 시작점이 되었다. 비윤리 경영으로 인해 한국 사회에 반기업 정서가 확산됐지만, 이는 주로 수면 아래에서 진행돼왔기에 기업은 여전히 자신들의 사회적 책임에 대해 별다른 연구를 하지 않았다. 그러다 1990년대 중반부터 불거진 각종 기업 스캔들로 인해 국민 사이에 퍼져 있던 반기업 정서가 수면으로 공공연히 드러나기 시작했다.

---

* '한국과학기술원 사회책임경영연구센터'와 '대한상공회의소 지속가능경영원'이 발표한 보고서에 따르면 우리나라의 CSR은 1995년 이전의 관망기, 1996년부터 2002년까지의 도입기, 그리고 2003년 이후의 확산기로 나누어진다.

1991년 낙동강 유역에 위치한 두산전자 구미공장에서 페놀이 흘러나와 취수원인 낙동강이 오염되는 사고가 발생했다. 이른바 '낙동강 페놀 오염 사건'으로 인해 국민의 분노는 극에 달했다. 서울을 시작으로 대구, 부산, 전남 등에 있는 3만 개의 슈퍼마켓이 두산그룹이 생산하는 전 제품을 무기한 취급하지 않기로 결의했고, 소비자들은 두산의 자매회사 제품인 '코카콜라 안 사먹기 운동'을 전개했다. 이러한 극렬한 반발은 40여 년 동안 국내 맥주 시장 1위를 지켜오던 동양맥주(오비맥주)가 경쟁사인 조선맥주(하이트맥주)에 1위 자리를 내주는 데 결정적인 영향을 미치기도 했다.

한편 1995년에는 전직 대통령의 비자금 사건이 폭로되면서 비윤리적 경영에 대한 국민의 비난이 쏟아졌다. 속속 드러나는 정경유착 사건들은 기업에 대한 불신 풍조에 불을 지핀 격이 되었다. 그러다 1997년 IMF 외환위기로 해외 금융자본이 국내로 급격히 유입되어 국내 주요 기업의 외국인 주주 비율이 50%를 넘어서면서 기업 경영에 국제표준 수준의 투명 경영이 강요되었다. 이 시기에는 각종 기업 스캔들로 인해 기업에 대한 사회의 압력이 점점 더 높아져갔으며 그에 따라 기업에서도 투명경영, 윤리경영, 사회공헌, 환경경영 등 다양한 CSR 프로그램이 소개되기 시작했다.[4]

이렇듯 한국 기업의 사회적 책임 활동은 사회의 압력에 의해 시작되었다고 볼 수 있다. 낙동강 페놀오염 사건으로 국민의 지탄을 받은 두산그룹은 사고 후 그룹의 생존을 위해 환경관리위원회를 발족시키고 친환경 경영을 실시했다. 각고의 노력 끝에 2년 뒤 두산그룹은 환경처가 발표한 91개 '환경관리모범사업장' 중 16개가 포함되어 최우수 환경 그룹으로 이미지 변신을 이뤄냈다.

기업에 관한 부정적인 사건이 터졌을 때 이렇게 위기를 타개하고자 하는 움직임이 뒤따르긴 했지만 한국 경제에 지대한 영향을 주었다고 평가받던 기업들의 이미지는 많이 실추되었다. 상황이 그렇다 보니 대중은 기업의 '비윤리적인 행동'뿐만 아니라 '착하지 않은 행동'에 대해서도 관대하지 못하게 되었다. 모두가 온정을 베푸는 연말에 대단한 재력을 자랑하는 기업이 아무것도 안 하고 잠자코 있거나 사회와 연계해 수익을 창출하는 기업이 사회책임을 등한시한 채 이윤 창출에만 힘쓰고 있다면 '제 이익만 챙기는 개념 없는 기업'이라는 비난을 피하기 어렵다.

대중의 반기업 정서가 자사로 향하는 것을 두려워하는 기업들은 비자발적으로라도 사회공헌에 나설 수밖에 없다. 그러다 보니 사회에 '보여주기 위한' CSR 활동, 쉽게 시행할 수 있는 착한 이벤트에 신경을 쓰게 된다.

결론적으로 한국 사회에서 '생존을 위한 CSR'이 주를 이루는 것은 압축 성장으로 인한 반기업 정서에서 원인을 찾아볼 수 있다. 사회의 압력에 의무감을 느끼는 기업들이 특정 시즌에 유독 CSR 활동을 적극적으로 펼치는 것도 같은 맥락이라고 볼 수 있다.

이벤트로는 방패막이가 안 된다

그 어떤 기업도 완벽할 수는 없다. 훌륭한 철학을 가진 기업도 때로는 실수를 저지르고, 경영을 잘하는 기업도 때로는 잘못된 판단을 한다. 위기는 언제 어디서 찾아올지 모르는 일이다. 예기치 못한 위기가 닥쳤을 때 평상시 신뢰라는 자산을 쌓아놓은 기업은 그렇지 않은 기업보다 회복 능력이 뛰어나다. 그런데 그 때문에 사회공헌을 일종의 '보험용'으로 여기는 기업이 많다. '뭐가 됐든 하기만 하면 되는 것 아닌가?' 하고 쉽게 생각한다

'해야 하니까 어쩔 수 없이' 이뤄지는 CSR이라도 단기적인 측면에서 사회에는 긍정적인 영향을 끼친다. 기업이 가진 사회적, 경제적 영향력으로 정부와 NGO의 능력이 미처 닿지 못하는 소외 계층이 도움을 받을 수도 있기 때문이다.

그런데 기업 입장에서는 어떠한가? 과연 그런 식으로 행하는 사회 책임 활동은 리스크에 대한 안심 보험이 될 수 있을까? CSR의 효용에 대해 생각해보자.

CSR에도 여러 가지 유형이 있지만 우리나라는 순수 기부금과 직접 사용 비용 등 현금 지원 중심의 기부가 일반적이다. 전국경제인연합회에서 매출액 순위 500대 기업 중 220개 기업을 대상으로 조사한 결과, 2010년 우리 기업들이 한 해 동안 지출한 사회공헌 비용은 총 2조 8735억 원으로 2004년과 비교했을 때 2배 이상 늘어난 것으로 나타났다. 특히 2008년 이후엔 글로벌 금융위기로 기업 활동이 크게 위축된

시기였는데도 사회공헌 지출은 꾸준히 증가했다.[5]

그럼에도 기업의 사회책임 활동에 대한 국민의 평가는 인색하다. 세계적인 PR 회사 에델만Edelman에서 매년 실시하는 '에델만 신뢰도 지표 조사'를 보면 2012년 한국 기업들이 받은 성적표는 초라할 정도다. 한국 기업의 신뢰도는 세계 기업 신뢰도 평균인 53%에 훨씬 못 미치는 31%에 그쳐 25개 국가 중 24위를 기록했다.[6]

한편 대한상공회의소와 현대경제연구원이 실시한 '2011년 하반기 기업호감도 조사'에 의하면 기업호감지수CFI는 100점 만점에 51.2점으로 보통을 약간 넘는다. 항목별로 보면 '사회공헌 활동'이 40.5점, '윤리경영 실천'이 25.8점으로 집계돼 기업의 사회적 책임에 관한 호감도는 여전히 낮은 편으로 나타났다. 향후 우리 경제에 가장 많은 공헌을 하게 될 주체가 기업이라고 생각하느냐는 질문에 응답자의 78.5%가 '그렇다'고 답했지만, '국내 반기업 정서가 높다'는 점에 대해서도 66.3%가 동의하는 것으로 조사됐다.

결론적으로 지금까지 행해진 한국 기업들의 사회책임 활동은 기업에 대한 인식을 좋게 변화시키는 데 아직까지 역부족이다. 그러니 '이만큼이나 돈을 들여서 사회공헌을 했으니 나중에 어려움이 있을 때 도움이 되겠지' 하는 생각은 착각에 불과하다.

그렇다면 기업은 효용이 없다는 이유로 지금껏 해오던 사회책임 활동을 그만두어야 하는 것일까? 그렇지 않다. 가슴 아프지만 안타까운 현실을 직시했으니, 이제는 더 효율적이고 효과적인 방향을 찾아야 할 것이다. 단순한 사회공헌 활동은 무조건적으로 기업에 이득을 주지 못한다. 하지만 만약 사회적 책임을 전략적으로 수행한다면 기업의 이미지는 물론 대외적 가치가 높아질 수 있다. 이제 한국 기업은 CSR을 생존을 위한 수단으로 볼 것이 아니라 좀 더 장기적인 관점에서 고객과 사회로부터 지지를 받고 종업원들의 공감을 얻을 수 있는 사회책임경영의 길을 모색해야 할 것이다.

좀 더 좋은 세상을 위해
이 정도 희생쯤이야
자기만족을 위한 CSR

1987년 미국의 제약회사 머크Merck&Co. Inc.는 신제품을 개발하고도 고민에 빠졌다. 이들이 개발한 멕티잔Mectizan은 사상충증*을 예방하는 데 효과가 컸지만 이 질병이 주로 빈곤 지역에서 발생하는지라 기업 입장에선 이 약을 생산하는 것 자체가 수익성이 없었기 때문이다. 그러나 머크는 멕티잔 기부 프로그램Mectizan Donation Program, MDP를 통해 아프리카, 라틴아메리카, 중동 등에 멕티잔을 무상 공급하기로 결정했다.

오늘날 머크는 세계보건기구WHO, 세계은행World Bank, 유니세프UNICEF, 유엔개발계획UNDP 등과 파트너를 이루어 MDP를 계속해서 진행하고 있

---

* 사지 및 성기에 발생해 피부가 두꺼워지는 질병으로 '코끼리 피부병'이라고도 한다. 세계보건기구(WHO) 6대 집중관리 질환 중 하나로, 전 세계에 1억 2000만 명 이상의 감염 환자가 있다.

으며, 매년 세계 각지에서 8000만 명이 넘는 사람이 MDP의 혜택을 받고 있다.[7] 한 연구에 의하면 머크가 MDP로 벌어들이는 수익은 아주 미미하다.[8] 병으로 고통받는 이들을 위해 기꺼이 손해를 무릅쓰겠다는 이들의 정신은 많은 사람에게 감동을 주었다. 이를 계기로 머크는 'CSR' 하면 떠올리게 되는 대표적인 기업으로 자리 잡았다.

이러한 '착한 기업'은 현대사회에 들어와서 생긴 개념이지만, 사실 착한 기업의 근저根底가 되는 '착한 부자'는 옛적부터 있었다. 자신의 부를 사회에 환원하는 '착한 부자'는 동서양을 막론하고 존재했으며 그들의 이야기는 오늘날까지 계속 전해지고 있다.

누가 시켜서가 아니라 내가 좋아서 한다

'철강왕' 앤드루 카네기Andrew Carnegie와 '기부왕' 존 록펠러John D. Rockefeller 는 처음에는 부정적인 평가와 비판을 받다가 뒤늦게 사회적 공헌에 관심을 갖기 시작했다. 이들은 인생 후기에 접어들면서 차원이 다른 사회책임 활동을 보여주었다. 카네기는 '부자인 채로 죽는 것이 부끄럽다'고 말했고 그동안 축적해놓은 부를 사회복지, 특히 문화사업과 교육사업에 투자했다. 뉴욕 최대의 공연장인 카네기홀과 카네기 멜론 대학의 전신前身인 카네기 공과대학은 그가 남긴 업적이다.

록펠러는 50대에 불치병 선고를 받았는데, 이때 같은 병원에 있던 가난한 소녀의 입원을 도와주면서 기부의 기쁨을 깨달았다고 한다. 이를 계기로 록펠러는 이전의 인생과는 다르게 기부의 길로 들어섰다. 이후 자신의 이름을 딴 자선단체, 미국 최초의 의학 연구소이자 록펠러 대학의 전신인 록펠러 의학연구소, 교육사업 등을 통해 엄청난 부를 사회에 환원했다. 불치병 선고를 받았던 록펠러는 이후 44년이라는 긴 생을 덤으로 더 살았다. 록펠러는 98세에 이르러 자신의 삶을 이렇게 회고했다고 한다.

"인생 전반기 55년은 쫓기며 살았지만, 후반기 43년은 행복하게 살았다."[9]

미국의 카네기와 록펠러가 재벌인 개인의 사회책임을 보여준다면, 우리나라에는 착한 부자 가문으로서 사회책임을 보여주는 사례가 있다. 경주의 최 부잣집과 구례의 류 부잣집이 대표적이다. 300년 동안 거부로 이름을 떨친 경주 최 부잣집에는 집안을 다스리는 육훈六訓이 있었는데 그 가운데 하나가 '사방 100리 안에 굶어 죽는 사람이 없게 하라'였다. 최 부잣집은 이 가훈을 따라 1년 쌀 생산량 3000석 중 1000석은 사용하고, 1000석은 과객에게 베풀고, 나머지 1000석은 주변의 어려운 사람에게 나누어주었다고 한다. 근대에 들어서는 대한민국 임시정부에 독립자금을 지원했으며, 마지막 최 부자인 최준은 광복 직후 전 재산을 털어 영남대학교의 전신인 대구대학교를 설립하는 데 기부했다. 이처럼 사회적 책임을 다했던 최 부잣집은 탐관오리와 부자들이 타도 대상이 되었던 동학농민운동 때에도 안전할 수 있었다. 6·25전쟁 시절에도 최 부잣집만은 해를 입지 않았다.[10]

경주 최 부잣집이 영남을 대표한다면 구례의 류 부잣집은 호남을 대

·표하는 만석꾼이었다. 류씨 집안은 배고픈 자가 더 가슴 아파할 수 있다고 아궁이 굴뚝을 낮게 만들기도 했다.

이러한 류 부잣집의 운조루雲鳥樓에는 200년이 넘은 쌀독이 있다. 이는 가난한 이웃을 위해 쌀독에 쌀을 담아놓고 끼니를 잇기 힘든 사람이 쌀을 가져갈 수 있게 마련해놓은 것이다. 이 쌀독의 마개에는 '타인능해他人能解: 누구나 마개를 돌려서 쌀을 빼갈 수 있다'라고 적혀 있는데,[11] 실제로 류씨 집안이 마을 사람들에게 베푼 쌀은 한 해 수확량의 20%가 됐다고 전해진다. 운조루는 일제 강점기와 6·25전쟁을 겪으며 불타 없어질 위기를 수차례 겪기도 했지만, 지역 주민들이 힘을 모아 운조루를 지켜냈다. 류 부잣집의 타인능해 정신을 이어가기 위해 전주시 금암1동 사무소는 현관에 쌀 뒤주를 설치해 형편이 어려운 사람은 누구나 원하는 만큼 쌀을 가져갈 수 있도록 했다.

카네기와 록펠러, 그리고 경주 최 부잣집과 구례 류 부잣집. 넓은 관점에서 보았을 때 이들과 같은 '착한 부자'의 자선 활동과 공익을 위한 노력은 오늘날 '착한 기업'의 사회적 책임 활동의 근저라고 보는 데 무리가 없어 보인다. 이들은 CSR이라는 개념이 생기기 전부터 가진 자로서의 책임을 인지하고 있었고 생각을 행동으로 옮겼다.

좀 더 구체적으로 들여다보면 이 착한 부자들을 '자기만족을 위한 CSR'의 원조라고도 볼 수 있다. 이들의 사회적 책임은 누군가에 의한 비자발적인 것이 아니었다. 사회의 요구가 있었던 것도 아니며, 사회 분위기를 눈치 보면서 어쩔 수 없이 시작한 것도 아니었다. 착한 부자들은 '자기만족', 즉 자신들이 세운 도덕적 기준을 지키기 위해 손해를 감수하고서라도 사회적 책임 활동을 시행했다.

이제 자기만족을 위한 CSR이 무엇인지 정리해보자. 이것은 기업이 도덕적 만족 또는 자아도취라는 동기에 의해 사회적 책임을 이행하는 것을 의미한다. 기부의 형태로 이뤄지는 경우가 일반적이며, 기업은 그러한 활동이 재정 상태에 손해를 끼칠 것을 알지만 기꺼이 감수한다. 앞에서 다룬 생존을 위한 CSR이 사회적 압력이나 분위기로 인해 어쩔 수 없이 울며 겨자 먹기 식으로 진행되는 것을 의미하는 것과는 반대로 자기만족을 위한 CSR의 가장 큰 특징은 '자발성'이다. 이를 수행하는 기업은 기본적으로 기업 또는 개인의 철학에 의거해 빈곤, 환경 이슈 등 사회문제와 관련된 사회책임 활동을 '하는 것이 옳다The right thing to do'라고 생각한다.[12] 그리고 그 신념을 따라 옳은 일을 행했을 때 자기만족을 느낀다.

이런 경우 재정상의 손해도 기꺼이 감수하게 된다. 사회가 별다른 압력을 가하거나 관심을 갖지 않았더라도 그것과 관계없이 사회책임 활동을 지속적으로 이행한다. 일련의 사회적 책임 활동을 통해 기업이 얻고자 하는 자기만족은 '도덕적 만족Moral Satisfaction'과 '자아도취Narcissism'라는 동기로 다시 나뉜다.

좋은 기업시민이 되겠습니다: 도덕적 만족

첫 번째 세부 동기는 '도덕적 만족'이다. 여기에 해당하는 기업은 자신의 신념에 따라 이타적인 의도를 가지고 사회적 책임 활동에 접근한다. 기업에 있어 CSR이란 '좋은 기업시민good corporate citizen'이 되는 것이라고 생각하며 도덕적 가치, 사람, 공동체 등을 존중하면서 기업 활동을 해야 한다고 주장한다. 이러한 주장은 기업의 경영 철학으로 나타나기도 하며 때로는 CEO의 개인적인 철학이 기업에 적잖은 영향을 끼치기도 한다.

동물실험을 반대하는 더바디샵The Body Shop, BOGOBuy One Get One 마케팅을 펼치는 탐스슈즈TOMS shoes 등은 기업의 도덕적 만족을 추구하는 대표적인 사례다. 이들은 사회적 기업은 아니지만 사회적 책임을 바탕으로 기업 철학을 세웠다. 그리고 수익 창출 그 자체보다 기업 활동을 통한 사회적 책임에 무게중심을 뒀다. 기업의 도덕적 만족을 위해 사회책임 활동을 펼친 또 다른 예로는 미국의 프리미엄 아이스크림 회사 벤앤제리Ben&Jerry's를 들 수 있다.

벤앤제리는 사회적 책임 활동을 적극적으로 시행하는 기업으로 유명하다. 1978년 창립 후 끊임없는 성장을 이룬 벤앤제리는 1985년 말 벤앤제리 재단The Ben&Jerry's Foundation을 설립해 매년 세전 이익의 7.5%를 재단에 기부하고 있다. 1988년에는 국방 예산의 1%를 평화 유지 활동에 사용하는 '1% for peace'의 설립을 도왔으며, 이 운동을 위해 'Peace Pops'라는 새로운 아이스크림을 개발해 매출의 1%가 평화운동을 위해 쓰이도록 했다.

벤앤제리는 같은 해 사회 미션, 생산자 미션, 경제 미션 등의 세 가지 분야에서 회사의 사명을 담은 미션 성명Mission statement을 발표하며 본

| 표 1-1 | 벤앤제리의 사명 성명

미션 분야	내용
사회 미션	지역, 국가, 국제사회의 삶의 질을 향상하는 혁신적인 방법을 착안함으로써 기업이 사회에서 중요한 역할을 감당하고 있음을 인지하고 기업을 운영한다.
생산 미션	생산, 유통, 판매 과정에서 환경과 지구를 생각하는 최고급 천연 아이스크림을 공급한다.
경제 미션	주주들의 가치 창출과 직원들의 개발 및 커리어 발전을 위해 지속적인 수익 창출을 바탕으로 기업을 운영한다.

격적인 사회책임 활동에 나섰다. 1991년에는 태양열 패널을 부착한 서커스 버스를 운영해 태양열 에너지 개발을 촉진하는 캠페인을 벌이기도 했다. 1990년 초반 적극적인 사회적 책임 활동을 시작으로 현재는 환경, 평화, 공정무역, 빈곤계층 지원 등 다방면에 걸쳐 사회책임경영을 지속적으로 하고 있다.

벤앤제리의 설립자 중 한 명인 벤 코헨은 "기업은 지역사회에 환원할 책임이 있다"라고 언급한 바 있다.[13] 벤 코헨의 이러한 사상은 개인적인 철학으로 끝나지 않고 기업의 주요한 경영 철학이 되었고, 벤앤제리는 전반적인 가치 활동 자체가 사회적 책임과 관련이 있는 대표적인 도덕적 기업으로 자리매김했다.

한편 오너나 CEO 개인의 만족을 위해 사회적 책임을 이행하는 기업도 있다. 대표적인 예로 자수성가한 기업가가 소신과 철학을 바탕으로 기업 이름의 재단을 설립하는 경우를 들 수 있다. 어떤 기업은 CEO의 지분으로 재단이 만들어지는가 하면, 어떤 기업은 기업의 재정으로 만들어진다. CEO 개인의 재산이 아닌 기업의 돈으로 재단을 설립하는 것은 CEO 개인의 도덕적 만족을 위한 추구가 기업 경영에까지 투영된 경우라고 할 수 있다.

도덕적 만족이 개인을 위한 것이든 또는 기업의 경영 철학을 위한 것이든 간에, 기업은 자발적으로 도덕적 기준을 정해놓고 거기에 도달하기 위해 사회책임 활동을 시작한다. 그 과정에서 재정적으로 손해를 볼 가능성이 크다고 하더라도 도덕적 만족을 얻을 수 있다면 개의치 않는다.

바로 '우리'가 해낸 겁니다: 자아도취

자아도취 때문에 사회책임 활동을 한다? 이것이 무엇을 말하는 것인지 명확히 이해되지 않을 수 있기에 '개인'의 관점에서 예를 들어 설명해보겠다.

대학생 C는 지난 여름방학에 200만 원이라는 참가비를 들여서 14박 15일로 라오스 여름학교 봉사 활동을 다녀왔다. 한 달 가까이 봉사 활동을 준비하면서 라오스의 어린이들을 위해 무엇을 해줄 수 있을까 고민도 하고 한편으로는 기대도 했다. 라오스에 도착한 C는 그곳 학생들에게 노래도 가르쳐주고 함께 운동도 하면서 즐거운 시간을 보냈다. 틈틈이 학생들과 어울려 사진도 찍었다. 짧다면 짧고 길다면 긴 봉사 활동을 마치고 집으로 돌아가면서 C는 뭔가 가치 있는 일을 했다는 생각에 스스로가 대견스러웠다. 그리고 라오스 학교에서 찍은 사진들을 자신의 블로그에 올리면서 다시 한 번 뿌듯함을 느꼈다. 시간이 흐르면서 봉사 활동의 기억은 학창 시절 수학여행처럼 좋은 추억으로 남았고, C는 다시 라오스와는 무관한 자신의 일상으로 돌아왔다.

한번 생각해보자. C의 봉사 활동은 라오스의 작은 마을에 얼마나 도움이 되었을까? 라오스 학생들에게 '한국'이라는 나라를 알리고 '외국 친구와의 교류'라는 좋은 추억을 만들어주었을 수는 있다. 그러나 실질적으로 그들의 삶에는 별다른 도움이 되지 못했다. 라오스 학생들의 학습에 조금이라도 도움이 되었다고 가정하더라도, 200만 원이라는 적지 않은 비용과 봉사 활동을 준비한 시간 등을 고려하면 이는 결코 효율적이었다고 볼 수 없다. 냉정하게 말하자면 C의 봉사 활동은 말 그대로 라오스 학생들을 위한 활동으로 시작했을지 모르지만 실제로는 C 자신을 위한 활동으로 끝났다는 것이다.

이 이야기는 '개인'의 관점에서 자아도취를 위한 봉사 활동을 잘 보여주고 있다. 이처럼 사회를 위한 봉사가 아닌, 말 그대로 자신의 만족을 위한 봉사 활동은 오늘날 기업들에서도 찾아볼 수 있다. 최근 몇 년 사이에 거금을 들여 해외로 날아가 '우물 파기' '학교 설립' 등의 활동을 펼치는 기업이 적지 않다. 설립한 학교 앞에서 리본을 끊고 완성된 우물 앞에서 다 함께 사진을 찍는다. 그리고는 '우리 회사가 착한 일을 했다'는 것에 뿌듯해하며 일터로 돌아온다.

이처럼 기업이 자아도취를 위해 사회적 책임 활동을 펼칠 경우 크게 두 가지 한계에 봉착하게 된다.

첫째, 자기 입맛에 맞는 공헌 활동을 벌인다. 기업이 주인공이 되어 사회책임 활동을 시행하기 때문에 사회의 실질적인 효과를 고려하기보다는 기업이 더욱 만족할 만한 눈에 띄는 활동을 찾는 것이다. 이러한 과시성 활동은 실제 수혜 당사자에게 별다른 도움이 되지 않는 경우가 많다.[14]

이는 '도덕적 만족'을 위해 사회적 책임을 수행하는 경우와 구분된다. 도덕적 만족을 위한 기업은 확실한 가치를 가지고 있으며 그 가치를 이룸으로써 만족하고, 스스로 정한 도덕적 기준을 위해 움직인다. 이때 기업의 재정적 손해는 기업 또는 CEO의 도덕적 만족과 거래된다고 볼 수 있다. 그러나 자아도취를 위해 사회책임 활동을 이행하는 기업은 기업이 체감할 수 있는 활동이 중심이다. 기업을 위해 프로그램이 기획되며 기업이 주인공이 되어 진행하게 된다. 즉, 눈에 보이는 성과 위주로 이뤄지기 쉽다. 그러므로 이러한 기업은 '착한 기업'이 아니라 '착해 보이는 기업'이라고 보는 것이 타당하다.

둘째, 사후 관리가 제대로 이루어지지 않는다. 이들에게 중요한 것은 자신들이 사회적 책임 활동을 하는 바로 그 순간이다. 사회책임 활동을 이행하기 전 사회에 대한 고려가 부족했던 것처럼 이행한 다음에도 사회에 대한 고려가 부족하다. 성과가 바로 눈에 보이는 사업을 되는대로 진행하고 나면 그냥 그것으로 끝이다. 지속적인 관리가 제대로 이뤄지지 않는다. 기업들이 여러 개발도상국에 만들어준 우물은 부품이 너무 비싸 고장이 나도 수리할 수 없는 경우가 다반사이고, 관리가 이뤄지지 않은 탓에 힘들여 만든 학교가 폐교로 남는 경우도 있다. 병원을 설립해놓고도 의사 파견 등의 사후 관리가 이뤄지지 않을 때도 있다.

이 두 가지 문제점으로 인해 자아도취를 목적으로 행해지는 CSR은 '비효율성'이라는 폐해를 낳는다. 앞서 설명했듯이 뭔가를 해냈다는 성과가 가장 중요할 뿐 그 활동의 실질적인 효과에는 관심이 부족하다. 투입된 노력input에 비해 사회나 기업에 돌아가는 효과output는 매우 적더라도 기업은 개의치 않고 스스로 만족한다. 물론 이러한 공헌 활동을 하는 것은 아무것도 하지 않는 것보다는 낫다. 그러나 자아도취를 위한 봉사 활동에는 분명 허수虛數가 존재하고 있음을 확실히 인지하고, 보다 효율적이고 성숙한 기업의 사회적 책임이 무엇인지에 대해 고민해야 할 것이다.

착한 부잣집의 불편한 진실

앞서 다루었던 최 부잣집, 류 부잣집 이야기로 다시 돌아가보자. 쌀을 나누어주며 사람들의 칭송을 받은 착한 부잣집. 필자는 처음 이들의 이야기를 접하고 '착한 부자는 행복하게 잘살았답니다'가 이야기의 끝이 아닐 것이라는 생각에 좀 더 자세히 살펴보기로 했다.

특히 류 부잣집의 쌀독 이야기를 심도 있게 들여다보았는데, 그 결과 '타인능해'라는 것이 오늘날 매스컴에 의해 조금 더 미화되고 왜곡된 것이 아닐까 하는 의구심을 갖게 되었다. 일반적으로 이야기되는 타인능해의 해석을 따른다면 착한 부잣집의 사회책임 활동은 실효성, 형평성 그리고 지속성에서 한계가 있음을 발견했기 때문이다. 문제는 착한 부잣집에서 나타나는 한계점들이 오늘날 '자기만족을 위한 CSR'을 행하는 기업에도 동일하게 나타나고 있다는 것이다. 어떠한 한계가 있는지 구체적으로 살펴보기로 하자.

첫째, 실효성의 문제는 과거 착한 부잣집의 사회책임 활동을 어떻게 해석하느냐에 따라 달라진다. 여러 언론 매체는 류 부잣집의 '타인능해'를 '누구나 마개를 돌려서 쌀을 빼갈 수 있다'라고 해석한다. 그러나 이러한 해석은 위험하다고 본다. 애당초 타인이란 식구가 아닌 '다른 사람'이라는 뜻으로 '누구나everybody'가 아닌 '다른 사람들others'의 개념으로 보아야 한다. 그러나 오늘날엔 타인을 '누구나'라고 해석해 무조건적인 개념을 포함하고 있다.

혹자는 '누구나'와 '다른 사람들'이 뭐가 다르냐고 물을 수도 있다. 그러나 이 둘 사이엔 미묘한 시각의 차이가 존재한다. '다른 사람들'로 해석할 경우 '타인'은 '쌀이 필요한 그 누군가'에 한정돼 있다. 반면 '모두'를 의미하는 '누구나'로 이해할 경우 사람들은 잠재적으로 '누구든지'라고 생각하고 더 나아가 '원하는 대로'라는 위험한 해석까지 추가된다. 다시 말해 '다른 사람들'은 쌀이 필요한 사람이 마개를 열어 가져갈 수 있다는 것을 뜻하고, '누구나'는 쌀이 필요하든 않든 간에 누구든지 원하면 쌀을 가져갈 수 있다는 의미가 된다. 이러한 차이가 중요한 이유는 '자원의 유한성' 때문이다.

류 부잣집의 자원이 무한했다면 '누구나'라는 광의적 개념의 해석은 문제 될 것이 없다. 자원이 무한하다면 이는 권면해야 할 사회책임 활동의 모범이 될 것이다. 그러나 애석하게도 자원은 유한하다. 그렇기 때문에 오늘날 우리가 해석하듯 당시에도 '타인능해'가 '누구나 쌀을 가져갈 수 있다'라고 해석되었다면 그 실효성에는 한계가 있었을 것이다. 몰지각한 몇몇 사람은 밤마다 많은 쌀을 가져감으로써 공짜의 혜택을 누리려 했을 것이고, 이로 인해 정작 도움이 필요한 사람은 쌀을 가져가지 못하는 아이러니한 상황이 일어났을 가능성도 있다.

이는 경제학에서 흔히 언급되는 '공유지의 비극The Tragedy of Commons'과 비슷하다. 공유지의 비극이란 미국의 생물학자인 가렛 하딘Garrett Hardin 이 1968년 〈사이언스Science〉에 게재한 논문에 의해 세상에 알려진 개념이다. 그 개념은 다음과 같다.

"모두에게 개방된 초원이 있다. 각각의 양치기들은 최대한 많은 양떼를 그 초원에 데리고 가려고 할 것이다. 이러한 현상은 몇 세기 동안 유지될 것이다. 그러나 마지막 날이 이르렀을 때 공유지의 내적 논리는 공유지의 비극으로 끝나게 될 것이다."

하딘은 결국 모든 양치기는 한계가 있는 초원에서 자신들의 양떼를 무한정 늘리는 시스템에 갇히게 될 것이라고 지적하며, 각자가 최대한의 이익을 추구하면서 파멸로 달려가게 될 것이라고 경고한다.[15] 공짜로 쓸 수 있는 어떠한 자원이 있으면 사람들의 이기심 때문에 자원이 금방 고갈되어버린다는 이야기다.

이러한 우려는 현대판 사랑의 쌀독에서 현실로 나타났다. 2006년

1월, 전주 금암1동 사무소는 류 부잣집의 타인능해 정신을 본받아 '사랑의 쌀 뒤주'를 설치했다. 나눔이라는 가치에 공감하는 많은 사람이 쌀을 지원하며 쌀 뒤주는 순조롭게 운영되었다. 그러나 처음에는 200킬로그램이면 일주일을 넘겼던 뒤주가 언제부터인가 도난 사건으로 인해 하루도 못 넘기고 텅텅 비는 일이 잦아졌다. 일부 양심 없는 시민이 배낭이나 포대를 가져와 뒤주에 있는 쌀을 싹쓸이해갔기 때문이다. 이러한 일들로 인해 정작 쌀이 필요한 불우이웃은 쌀을 받지 못하는 일이 생기면서 동사무소는 하루 20킬로그램의 쌀만을 넣어두었다.[16] 이렇게 운영의 문제점이 드러나면서 최근에는 주민센터 직원이 쌀이 필요한 사람에게만 선택적으로 직접 주는 방식으로 바뀌었다. 이러한 사례는 착한 부자들의 이야기가 현실적으로 한계를 지니고 있었음을 보여준다.

둘째로 형평성의 문제가 야기된다. 옛날에는 오늘날과 같은 사회복지 제도가 존재하지 않았다. 즉, 류 부잣집의 쌀독은 그저 그 자리에 존재할 뿐 누군가가 호구조사를 통해 쌀이 필요한 순서대로 그 쌀을 배분하지는 않았던 것이다. 이러한 상황에서 '쌀이 필요한 사람들에게 제대로 공급될 수 있었을까?' 하는 의문을 갖게 된다. 가령 당시에도 분명 걷지도 못할 정도로 거동이 불편했던 사람들도 있었을 것이다. 그들은 농사를 짓는 데도 어려움이 있어 류 부잣집의 쌀이 절실했을 것이다. 하지만 류 부잣집의 쌀독까지 걸어갈 수가 없어서 나눠주는 쌀을 받을 수가 없었을지도 모른다. 이러한 상황에서 과연 류 부잣집의 쌀독이 모두에게 공평하게 돌아간다고 할 수 있을까?

셋째, 지속성 부분에서 아쉬움이 남는다. 착한 부자들의 나눔 실천을 폄하하려는 것은 아니다. 용기 있는 일이고 칭송받을 일임은 분명하나, 그 나눔이 단지 쌀을 퍼주는 것에서 그치는 것이 아니라 농업을 기반으로 한 방법의 나눔으로 확장되었더라면 어떤 다른 결과가 나타나지 않았을까 하는 아쉬움이 있다. 만약 착한 부자들이 조금만 더 멀리 내다보고 쌀이 아닌, 쌀을 생산해내는 방식에 대해 함께 고민했다면 좀 더 놀랍고 위대한 결말이 나오지 않았을까?

옛날과 오늘날의 산업구조는 확연히 다르기 때문에 과거의 착한 부자들의 이야기에서 아쉬움만을 토로할 수는 없다. 농업 중심의 시대에는 산업구조가 단편적이며 일차원적이었다. 그렇기 때문에 착한 부자들의 사회책임 활동은 쌀을 나누는 활동으로 그치기 쉬웠다. 부잣집이 손해를 감수하고 사회에 이익을 주는 방식에서 벗어나기가 힘들었다.

하지만 현대의 산업구조는 훨씬 복잡해졌다. 이제 우리는 생산 측면, 수요 측면, 전략적 측면, 제도적 측면까지 모든 부분을 종합적으로 고려해야 한다. 이러한 환경 속에서 오늘날 기업의 사회책임 활동 역시 과거의 단순한 형식에 머물러서는 안 된다. 이제는 주는 쪽과 받는 쪽이 모두 이득을 볼 수 있는 방향으로 발전해야 한다.

마이클 포터 교수와 마크 크레이머Mark R. Kramer FSG 대표가 제시한 '공유 가치 창출csv'의 개념도 바로 그런 것이다. 오늘날 많이 행해지는 '공정무역'에 대해 한번 생각해보자. 원두를 예로 들면 기업이 공정무역을 통해 원두를 제값을 주고 구입하는 것은 사실 당연한 일이다. 그런데 만약 기업이 한 단계 더 나아가 농부들에게 원두를 좀 더 효율적으로 재배할 수 있는 기술을 가르쳐주고 커피 재배 및 생산을 위한 인프라에 더 많이 투자한다면 농부들은 양질의 커피를 더 많이 생산하게 될 것이다. 그리고 기업은 양질의 원두를 더 많이 그리고 더 싸게 구매할 수 있을 것이다. 이렇게 기업과 사회 간의 공유된 가치를 찾는다면 사회와 기업은 보다 큰 혜택을 누릴 수 있게 된다.

착하다고 경영을 잘할까?

 '착한 부잣집의 불편한 진실'은 오늘날 착한(또는 착해 보이는) 기업에도 공통적으로 적용된다. 기업이 도덕적 만족을 목적으로 하든 또는 자아도취를 목적으로 하든 간에 '자기만족을 위한 CSR'에도 동일하게 불편한 진실이 존재하는 것이다. 아니, 오늘날 착한 기업에서 발견되는 불편한 진실은 착한 부잣집의 경우보다 그 강도가 더 세다. 그 이유는 개인과 구별되는 '기업'이라는 본질identity에서 찾을 수 있다.

 우선적으로, 착한 부잣집의 정체성과 착한 기업의 본질이 엄밀히 다르다는 것을 짚고 넘어가자. 착한 부잣집은 단체이긴 하지만 한 가문에 의해 독점적으로 소유되었다는 점에서 '기업'보다는 '개인'에 가깝다. 그렇기 때문에 비록 스스로 세운 가치를 따르다 재정상의 손실을 본다고 하더라도 그들이 선택한 길은 개인적으로 감수해야 할 몫이다.

 하지만 기업의 가장 기본적인 본질은 이윤 창출에 있다. 기업은 기업일 뿐 자선단체가 아니다. 그럼에도 불구하고 몇몇 착한 기업은 비효율적으로 기업의 사회책임 활동을 진행함으로써 심각한 우를 범하기도 한다. 아무리 도덕적으로 선하고 아름다운 대의가 있다고 하더라도 기업으로서 마땅히 감당해야 할 일을 소홀히 한다면 아무 소용 없는 일이다.

벤앤제리나 더바디샵의 경우 착한 기업으로서의 책임은 훌륭히 수행했지만, 기업으로서의 책임은 완수하지 못했다. 벤앤제리는 2000년 유니레버Unilever에 의해 인수되었고, 더바디샵은 2006년 로레알에 인수되었다. 로레알은 언론을 통해 더바디샵 인수가 더바디샵의 매출과 직접적인 연관이 없다고 했지만, 인수되기 직전 더바디샵의 수익이 20%까지 떨어졌다는 사실은 수익 감소로 인해 더바디샵이 로레알에 합병되었다는 업계 소문을 뒷받침한다.[17] 특히 로레알이 동물실험을 하는 기업임을 고려했을 때, 더바디샵의 인수 소식은 소비자에게 더욱 큰 충격으로 다가왔다.

우리나라의 문화예술 분야에서 많은 공적을 남긴 '쌈지SSAMZIE'는 어떠한가? 쌈지는 외국 브랜드가 장악하던 패션 시장에 신선한 돌풍을 일으킨 토종 기업으로서 참신한 사회공헌 활동을 활발하게 펼쳤다. 젊은 예술가들의 작품 활동을 지원하고, 록페스티벌을 개최하고, 다양한 복합문화공간을 만드는가 하면 사회적 기업과 연계해 친환경 유기농 먹거리 유통에 나서기도 했다. 그런 회사가 부도를 맞아 우리를 안타깝게 했다. 지금은 사회적 기업에 소유권이 넘어가면서 '슬로우바이쌈지'라는 브랜드로 재탄생되긴 했지만, 쌈지의 실패는 착한 경영의 한계를 확인해주었다.

이러한 사례는 도덕적 만족을 따른 착한 기업이 경영 철학으로서의 도덕적 기준은 충족했을지 몰라도 이윤 창출과 지속 경영이라는 기업의 본질에 충실하지 못했음을 보여준다.

기업이 윤리 철학을 세우고 그것을 따르는 것이 잘못되었다는 게 아니다. 기업의 윤리 철학은 기업의 사회적 책임 활동을 혼란시키지 않고 경계를 명확히 한다는 점에서 의의가 있으며, 이러한 관점에서 기업이 윤리 철학을 가져야 할 필요성 또한 존재한다.[18] 그러나 우리는 또한 마이클 포터와 마크 크레이머가 "기업이 환경, 사회와 같은 이슈에 관심을 가지는 것은 기업의 장기적 성공을 판가름하는 요소 중 하나에 불과하다"라고 지적한 것을 기억해야 할 것이다.[19] 이는 기업이 사회책임 활동에 관심을 가지고 실질적으로 참여하는 것이 기업과 사회에 긍정적인 효과를 가져다준다는 것을 인정하는 동시에 그럼에도 불구하고 기업이 사회책임 활동에만 우선순위를 두어서는 안 된다는 것을 경고하는 메시지다.

기업이 잊지 말아야 할 게 또 하나 있다. 오늘날의 기업은 더 이상 개인의 소유가 아닌 공동의 소유라는 사실이다. 종업원과 하도급업체를 비롯해 수많은 주주가 기업의 경영과 직접적으로 연관돼 있다. 그렇기 때문에 기업의 사회적 영향력이 매우 크다. 옛날의 착한 부잣집 역시 당대의 사회에 미치는 영향력이 적지 않았을 것이나 오늘날의 기업과는 비교할 수 없다.

2008년 금융위기 당시 미국의 투자은행 리먼브러더스홀딩스Lehman Brothers Holdings, Inc.의 파산은 기업뿐만이 아니라 미국 경제와 세계 경제에 큰 타격을 입혔다. 이렇게 사회에 막대한 영향을 끼치는 기업은 경영인 개인의 것이 아니다. 이는 기업 내부적으로 바라볼 때에도 마찬가지다. 많은 주주가 기업의 주식을 보유함으로써 기업의 이윤 창출과 직간접적으로 이해관계에 얽혀 있다. 그렇기 때문에 비록 경영인이 애초 기업을 일으킨 당사자라고 하더라도 기업은 개인의 것이 아닌 공급업체, 종업원, 관리자, 주주 등 여러 주체에 의해 이루어지고 돌아가는 것이다.

〈이코노미스트〉는 이처럼 기업이 정체성을 잃어가면서까지 사회책임 활동을 강행하는 현상을 일컬어 '빌려온 선Borrowed Virtue'이라고 냉정하게 평가한다.[20] 겉으로는 숭고하고 선해 보이지만 사실 이 기업은 주주들의 돈을 빌려서 그럴싸한 착한 활동을 하고 있을 뿐 기업으로서 지켜야 할 가장 기본적인 의무, 이윤 창출을 실천하지 못하고 있다는 것이다. 제너럴일렉트릭General Electric Company, GE의 부회장이자 수석 교육관인 밥 코코란Bob Corcoran 역시 기업이 사회적 존재임을 제대로 깨닫지 못하고 사회책임 활동을 수행하는 것에 대해 일침을 가한 바 있다. 그는 "만약 기업이 주주들의 돈을 함부로 흩날린다면 어떤 착한 기업이라 할지라도 스스로를 '좋은 기업시민'이라고 부를 수는 없다"고 단언했다.[21] 기업의 이름으로 재단을 설립하고자 하는 경영인들이 있다면 재단 설립이 개인적인 동기에 의한 것인지 그리고 회사의 이익을 위해서도 옳은 것인지 다시 한 번 고민해보아야 할 것이다.

CSR이 '증거'보다 '느낌'에 의해 결정되고 있다는 지적도 곱씹어볼 필요가 있다.[22] 오늘날 기업의 많은 사회책임 활동이 치밀한 전략에 의해 시행되기보다는 단순한 계획에 의해 이루어지고 있다. 따뜻한 가슴만이 아니라 차가운 머리가 반드시 필요하다. 충분히 고민하고 효율적인 전략을 수립해야 한다. 그뿐만 아니라 이제 기업은 사회적 책임 활동을 단순히 재정상의 마이너스로만 인식해서는 안 된다. 오히려 이를 새로운 기회로 보고 더 큰 성장을 위한 발판으로 삼아야 한다. 사회책임 활동을 바라보는 기업의 관점이 바뀔 때 오늘날의 CSR 역시 더욱 효율적이고 경쟁력을 갖춘 방향으로 발전할 것이다.

기업의 이미지를 파는 시대, 사회책임경영이 답

이미지 제고를 위한 CSO

김연아. 이 이름을 모르는 사람은 거의 없을 것이다. 2010년 밴쿠버 동계올림픽에서 금메달을 차지하며 '국민요정'으로 떠올라, 2018 평창 동계올림픽 유치를 위한 프레젠테이션에서 설득력 있는 연설로 전 세계의 시선을 사로잡은 대한민국의 아이콘이다. 그녀의 인기는 각종 설문조사를 통해 증명되고 있는데 특히 한국방송광고공사가 실시하는 '가장 기억에 남는 광고 모델' 조사 결과가 눈에 띈다. 2011년에 실시한 이 조사에서 김연아는 3년 연속 부동의 1위 자리를 지켰다.

이 같은 김연아의 상승세에 행복한 비명을 지른 이들은 김연아를 광고 모델로 기용한 '기업'들이었다. 삼성전자, 뚜레쥬르, QUA, P&G, 국민은행, 매일유업, 나이키 등 여러 기업이 매출 상승의 기쁨을 누렸다. 그중에서도 최대 수혜자는 삼성전자였다. 삼성전자는 일찍이 김연아의 가치를 알아보고 광고 모델로 섭외했다. 김연아가 광고 모델로 활동했던 에어컨 브랜드의 경우 2009년 월 매출이 10% 이상 상승하는 효과를 거둔 바 있다. 이전에는 에어컨 내수 시장에서 삼성전자가 LG전자에 상당한 격차로 뒤처졌지만 이른바 김연아 효과에 힘입어 LG전자를 바짝 추격할 수 있었다.

스포츠 선수 김연아와 전자제품. 이 둘은 사실 아무런 연관이 없다. 김연아는 전자제품 전문가도 아니고 제품 생산과정에 관여하지도 않았다. 그럼에도 불구하고 둘 사이의 밀접한 관계는 '후광 효과halo effect'로 설명할 수 있다.

후광 효과란 앞에서 언급했던 '악마 효과'와는 반대로, 한 가지 장점을 통해 전체를 우호적으로 평가하게 되는 현상을 일컫는다. 가령 입사 면접에서 면접관은 인상이 좋고 잘생긴 사람을 보고 무의식중에 그 사람이 대인 관계도 좋고 일도 잘 처리할 것이라고 생각하는 것이다. 〈하버드 비즈니스 리뷰Harvard Business Review〉는 CEO와 같은 기업의 고위 간부들이 왜곡된 정보를 받아들여 한 측면은 과대평가하고 또 다른 측면은 과소평가하는 등 후광 효과에 휘둘리고 있다고 지적한 바 있다.[23]

후광 효과가 가장 일반적으로 발휘되는 분야가 광고다. 국민적인 인기를 누리는 연예인이나 스포츠 스타는 기업이 선호하는 CF 모델로 각광받는다. 모델에 대한 국민적 호감이 그가 광고하는 브랜드 및 상품에까지 전이되어 소비자에게 긍정적인 반응을 불러일으키기 때문이다.

'이미지 제고를 위한 CSO'란 이러한 후광 효과의 원리가 기업의 사회적 책임 활동에 적용된 것이다. 마케팅의 일환으로 사회책임 활동이 시행되며, 김연아 같은 스타로 인해 매출이 상승하고 브랜드 가치가 높아지는 것처럼 기업의 '착한 활동'이 긍정적인 PRpublic relations 효과를 가져다준다고 여긴다.

이때 기업은 이타적인 의도를 가지고 있다기보다는 이미지 제고를 통한 자기이익self-interest을 꾀한다. 그렇기 때문에 사회책임 활동이 자발적으로 이루어진다. 그러나 무작정 좋은 기업시민이 되는 것이 목적은 아니다. 기업은 사회책임 활동이 사회와 기업에 모두 새로운 가치를 창출해주는 기회가 된다고 생각한다. 이에 필자는 이 단계부터 '기업의 사회적 책임CSR'을 '기업의 사회적 기회CSO'로 명명하고자 한다.

물론 굳이 의도하지 않아도 기업이 사회적 책임을 수행하면 기업 이미지는 자연스럽게 좋아진다. 그러나 이 단계에 속한 기업들은 사회책임 활동에 따른 '결과'로서의 기업 이미지 제고에 크게 만족하지 못한다. 사회책임 활동을 '의도적으로' 그리고 '전략적으로' 마케팅 도구이자 이미지 관리 도구로 이용할 뿐이다.

'착한 기업'이라는 이미지를 형성하는 방법은 크게 두 가지로 나눌 수 있다. 첫째는 특정한 '착한' 이미지를 만들어 그 회사만의 고유한 위상을 강화하는 것이다. 이 경우 기업은 상품과 관계된 본업과 구분해 사회적 책임을 수행하고 이를 홍보한다. 보통 회사의 구성원이나 재원을 활용한 사회책임 활동을 노출함으로써 기업 이미지와 브랜드 가치를 높이고자 한다. 둘째는 기업의 상품을 생산하고 판매하는 활동 자체가 기업의 사회책임 활동임을 강조하는 것이다. 특정 상품의 수익금을 좋은 일에 사용해 매출과 연계하는 방식이 일반적이다. 그럼 이 두 가지 방법에 대해 구체적으로 살펴보도록 하자.

우리는 착한 '기업'입니다: 브랜딩

신데렐라, 백설공주, 콩쥐팥쥐, 흥부전…. 이 동화들은 어떤 공통점을 가지고 있을까? 바로 '권선징악勸善懲惡'이다. '착한 일을 권하고 악한 짓을 벌한다'는 주제는 동서를 막론하고 예로부터 수많은 사람에게 사랑받고 있다. 너무 진부하다는 불만이 있기는 하지만 그럼에도 불구하고 '해리포터' '슈렉' 등 다양한 현대 이야기에 여전히 권선징악의 코드가 녹아 있다. 그만큼 사람들에겐 본능적으로 '착한 것'을 추구하는 속성이 있다.

이와 마찬가지로 사람들은 착한 기업에는 긍정적으로 반응하고 나쁜 기업에는 부정적으로 반응한다. 2011년 대한상공회의소가 소비자 350명을 대상으로 실시한 조사에서 92%가 '윤리경영을 실천하는 기업이라면 가격이 같거나 조금 비싸더라도 구매하겠다'고 응답했다. 이 결과는 소비자가 착한 기업에 우호적이라는 사실을 보여준다.

· 오늘날 몇몇 기업은 이러한 소비자의 심리를 이용해 사회책임 활동을 '브랜딩Branding'에 접목했다. 이 경우 사회책임 활동 자체보다는 그것을 통한 기업의 이미지 제고에 초점을 맞추어 기업의 사회책임 활동을 진행한다. 이런 기업들은 기업 이미지가 잠재고객의 향후 구매에 긍정적인 영향을 끼칠 것을 기대하며 적극적으로 사회책임 활동을 펼친다.

그리고 그 활동 내역을 대중에게 최대한 널리 알려서 착한 기업으로서 호감형 이미지를 다지고자 노력한다.

세계적인 샌드위치 전문점인 서브웨이Subway는 사회책임 활동으로 기업 이미지를 높인 대표적인 회사다. 서브웨이의 사회책임 활동은 '건강'이라는 이슈에 집중되어 있다. 2011년 현재 서브웨이는 직원들과 함께 10개의 단체에 기부하고 있는데 이들 단체의 반 이상이 건강과 관련된 곳이다.[24] 서브웨이는 특히 심장 질환과 아동 건강에 관한 활동을 적극적으로 펼치고 있다. 미국심장협회와 미국심장협의회가 주관하는 'Heart Walks' 캠페인과 'Jump Rope for Heart' 프로그램의 공식 후원사이며, 미국국립보건원과 함께 아동 비만 방지를 위한 'We Can!'이라는 프로그램을 운영하고 있다.

이렇게 건강 관련 단체들과 연계해 사회책임 활동을 진행함으로써 그 단체들의 건강한 이미지를 자연스럽게 자신들의 기업 이미지로 가져왔다. 그 결과 사람들에게 경쟁업체들과 차별화되는 '간편하면서도 몸에 좋은 패스트푸드'라는 새로운 인식을 심어줄 수 있었다. 2009년 서브웨이는 미국 내에서 패스트푸드의 왕이라 불리는 맥도날드를 제치고 최대 점포를 보유하게 되었다.[25]

기업의 사회적 책임 활동은 소비자뿐만 아니라 자사 직원들의 인식에도 영향을 끼친다. 미국의 아웃도어용품 전문 브랜드 팀버랜드*Timberland

---

* 2011년 팀버랜드는 가죽 가격 상승과 임금, 운송비 인상 등으로 마진에 타격을 입어오다 노스페이스 브랜드로 유명한 세계 최대 의류업체 VF에 인수되었다.

는 1992년 '봉사의 길Path of Service'이라는 프로그램을 통해 직원들을 기업의 사회책임 활동에 참여시켰다. 당초 연간 16시간의 유급 자원봉사제를 운영하다 40시간으로 확대 시행했는데, 2009년에 발간된 팀버랜드의 CSR 리포트에 따르면 2004년부터 2008년까지 4년 동안 직원들이 자원봉사에 참여한 시간은 7만 42시간에 달했다.[26] 최근 조사에 의하면 2010년엔 총 6251시간이 자원봉사에 할애되었으며 봉사의 길은 명실상부한 팀버랜드의 트레이드마크가 되었다.

그뿐만 아니라 팀버랜드는 그린피스, 가죽업체들과 협력해 환경보호를 위한 남다른 노력을 기울이면서 존경받고 사랑받는 기업 이미지를 구축해왔다. 〈포춘〉이 선정하는 '가장 일하고 싶은 100대 기업' 명단에 10년 연속 이름을 올렸고, '직장 여성이 뽑은 최우수 기업'으로 뽑히기도 했다. 이는 팀버랜드가 외부 고객만이 아니라 내부 고객인 직원들 그리고 잠재적 근로자에게도 긍정적인 이미지를 심어주었기에 가능한 일이다.

그러나 이처럼 기업의 브랜드 가치를 고려한 CSO 활동에도 몇 가지 생각해야 할 것이 있다.

첫째, 팀버랜드처럼 직원에게 사회책임 활동에 대한 적극적인 참여를 유도하는 경우 이는 기업을 둘러싼 이해관계자의 관점에서도 정당하다고 볼 수 있는가?

기업에 소속된 직원들이 지역사회나 환경보호를 위해 봉사하는 모습을 보면 마음이 훈훈해진다. 그런데 이들은 원래 기업의 생산 활동을 위해 고용된 사람들이다. 기업은 이들이 봉사 활동에 시간을 할애하는 만큼 포기하게 되는 개인적인 시간과 일하는 시간, 즉 기회비용을 생각해야 할 것이다.

둘째, 소비자는 변함없이 기업의 사회책임 활동에 호의적으로 반응하는가?

사실 많은 소비자는 기업의 보편적인 사회책임 활동에 점점 둔감해지고 있다. 이는 브랜드 이미지를 높여 실리를 챙기려는 기업들이 대부분 사회적 책임을 수행한다는 사실 자체에만 초점을 두고 그것을 어떻게 펼쳐나갈지 그 과정에 대해서는 깊게 고민하지 않기 때문이다. 현재 수많은 기업이 사회책임 사업을 진행하고 있다. 그러나 그 활동 내용을 보면 각 기업의 고유한 특색을 찾아보기가 어렵다. 같은 산업군에 속한 기업들은 비슷한 사회책임 활동을 하고 있기 때문에 소비자 입장에서는 식상하게 느껴질 수도 있다. 결과적으로 기업의 사회책임 활동이 이미지 제고에 별 도움이 되지 않는 경우도 있다.

처음에야 착한 기업에 열광할 수 있다. 하지만 너도나도 똑같은 식으로 착한 행동을 한다면 차별성을 갖지 못하게 된다. 소비자들이 진정성을 느끼지 못하는 이상 기업들의 사회책임 활동은 다 거기서 거기일 뿐이다. 물론 기업의 사회책임 활동이 변화무쌍할 필요는 없다. 그러나 기업이 특성을 살려 참신한 방법으로 사회적 책임을 수행한다면 좀 더 지속 가능한 책임경영이 가능할 것이다.

셋째, 기업이 흔들림 없이 사회책임 활동을 추진할 수 있는가?

그저 그런 착한 활동에 무뎌지기는 기업도 마찬가지다. 기업의 사회책임 활동이 특색 없이 뻔한 방식으로 이루어지면 만족스러운 결과를 얻기가 힘들다. 그럼 당연히 그러한 활동을 계속 이어가기가 어려워진다. 게다가 사회적 책임을 수행한 효과와 실질적인 이윤 창출 간의 관계가 모호하다 보니 기업 입장에선 사회참여 사업을 밀고 나갈 의욕을 잃어버릴 수도 있다.

넷째, 기업은 원하는 효과를 지속적으로 누릴 수 있는가?

브랜드 이미지를 높이기 위한 CSO는 '보여주기'에 치중하는 경우가 많다. 가시적인 결과에 신경을 쓰게 되면 사회적 효과는 장기적이기보다는 단기적으로 그치기 쉽다. 마케팅 효과 역시 단발적으로 나타날 뿐, 지속적인 가치가 창출되기는 어렵다. 많은 기업이 지속가능경영 보고서를 통해 자사의 사회책임 활동을 거창하게 홍보하지만 사실 그것으로는 수혜자의 입장이 어떠한지 알 수 없다. 기업이 이야기하는 '지속 가능'이라는 명제가 사회에도 적용될 수 있는지는 다시 한 번 생각해봐야 할 것이다.

그렇다면 기업이 사회에 지속적으로 도움을 줄 수 있는 효과적인 방법은 무엇일까? STX의 사례를 하나 소개할까 한다. 지역개발과 고용 문제는 우리 사회의 중요한 이슈다. 그런데 이런 문제는 만성적인 특성을 갖고 있기 때문에 기업이 일시적이고 단편적인 사회공헌 활동을 아무리 많이 하더라도 밑 빠진 독에 물 붓기 식으로 끝나는 경우가 많다.

이에 STX는 새로운 전략을 구상했다. STX는 우선 지역개발과 고용 창출을 위해 중부내륙지역 등 낙후된 지역을 선정해 종합관광휴양단지로 발전시켰다. 지역 축제와 드라마 세트장을 후원하는 한편 연수원과 리조트를 건설해 체계적인 인프라를 구축함으로써 인근 지역의 일자리를 창출하고 지역 세수를 증가시켰다. 그리고 임직원들이 그곳의 관광 휴양 시설을 이용하면서 회사에도 도움이 되다 보니 지역사회에 지속적인 관심을 기울이게 됐다. 만약 STX가 이러한 시설을 계속 사용하지 않는다면 이러한 지역사회 봉사 활동은 단발성으로 끝날 수도 있다.

우리는 착한 '제품'입니다: 착한 마케팅

한편 기업은 사회책임 활동을 특정 제품의 마케팅과 결합해 '착한 마케팅Good Marketing'을 펼치기도 한다. 이는 최근 몇 년 사이에 급부상한 사회적 책임 전략으로, 기업은 브랜드 이미지 제고를 추구하는 동시에 직접적인 매출 상승 효과까지 기대한다. 소비자들이 자사의 제품을 구매함으로써 기업의 사회책임 활동에 참여하도록 유도하는 방식이 일반적이다.

2005년 이마트는 LG생활건강과 공동으로 '아름다운 세상 만들기'라는 특별 기획 행사를 마련해 나눔 마케팅을 실시했다. 두 기업은 행사 기간 이마트에서 판매한 LG생활건강 제품 매출액의 1%를 비영리단체 '아름다운재단'에 기부해 저소득 모자가정을 지원하기로 했다. 이 행사를 통해 LG생활건강은 전년 대비 23.6%의 매출 상승을 경험했다.[27]

'호랑이는 죽어서 가죽을 남기고 사람은 죽어서 보험금을 남긴다'라는 우스갯소리가 있다. 보험회사들은 이 보험금을 착한 일에 쓸 수 있는 공익연계 상품을 출시했다. 가입자가 사망할 경우 보험금의 일부 또는 전부를 가입자가 지정한 사회단체에 기부하는 '기부보험'이 그것이다. 국내에서는 2000년 ING생명이 최초로 기부보험을 선보인 이후로 여러 보험회사가 이 상품으로 매출을 올리고 있다. 2010년 12월 기준으로 기부보험에 가입한 보험자 수는 3만 5000여 명에 달한다. 국내에 진출한 한 외국계 보험사는 기부보험 상품을 통해 19개월 만에 1만 3000여 건의 계약을 성사시키는 데 성공했다.[28]

이렇듯 오늘날의 기업은 다양한 방법으로 사회책임 활동을 기업의 실질적인 가치 창출과 결합하고자 노력하고 있다. 그러나 제품의 매출 상승을 꾀하는 착한 마케팅의 이면에는 각별히 주의해야 할 점이 있다.

첫째, 자칫 잘못하면 대중을 기만하는 쇼로 전락할 수 있다. 애초에 대중의 반응을 염두에 두고 시작된 사회책임 활동이다 보니 보여주기에 급급한 이벤트성 마케팅으로 변질될 우려가 있다.

실제 사례를 하나 들어보자. 2010년 국내 모 화장품 회사는 지구에서 사라져가는 희귀 동물을 모티프로 하여 새로운 핸드크림을 만들었다. 당시 그 기업은 무분별한 사냥과 환경 파괴로 멸종 위기에 처한 동물들을 보호하자는 취지에서 새로운 컬렉션을 선보인다고 설명했다. 이와 함께 판매 금액의 일부를 동물보호협회에 기부할 것이라고 홍보하며, 소비자들의 참여를 유도하는 공익연계 마케팅을 펼쳤다.

그러나 제품이 출시되고 석 달이 지났지만 기부는 고사하고 대상 단체와 세부적인 협의조차 제대로 하지 않은 사실이 드러났다. 이로 인해 이 기업은 착한 마케팅을 진행하면서 실제로는 이행하지 않았다는 논란에 휩싸였다. 제품 판매 촉진과 이미지 제고에 기업의 사회책임 활동이 유용한 마케팅 수단이 될 수는 있지만, 실체가 없는 상황에서 이를 홍보한 것은 명백한 과장광고라는 것이었다.

이 사례는 기업의 사회책임 활동이 허울 좋은 마케팅으로 그칠 수 있는 위험성을 잘 보여준다. 기업이 의도하든 의도하지 않든 사회적 책임 활동이 대중을 기만하는 쇼로 전락한다면 기업이 윤리적 소비자의 구매 심리를 이용해 제 이익만 챙기는 셈이 되고 만다. 실제로 홍보 효과에 초점을 둔 착한 마케팅은 사회에 돌아가는 이익이 생각보다 크지 않고 단기적인 경우가 많다. 기업의 사회적 책임 활동을 통해 기업과 사회 모두 도움을 받기는 하나 그것이 지속적으로 이어지기가 어렵고, 기업의 노력과 비용에 비해 그 효과가 미미할 때도 있다.

둘째, 착한 마케팅의 메커니즘을 살펴보면 엄밀히 말해서 소비자를 잘 이용하는 것이라고 볼 수 있다. 소비자는 양질의 제품을 합리적인 가격에 구매할 권리가 있다. 그러나 착한 마케팅의 경우, 기업은 이러한 소비자의 기본적인 권리를 침해하게 된다. 기업은 소비자의 선한 심리를 이용해 구매 욕구를 자극하고, 결국 소비자의 주머니에서 나온 돈으로 착한 일을 한다. 즉, 기업이 고객을 통해 사회책임 활동을 이행하는 것인데 이때 고객이 지불한 돈의 가치보다 기업이 실질적으로 제공하는 가치는 더 낮을 수도 있다.

소비자는 호락호락하지 않다

앞서 우리는 이미지 제고를 위한 CSO 사례를 통해 기업이 사회에 기여하면서 동시에 경제적 이익까지 얻을 수 있음을 살펴보았다. 이러한 기업의 사회책임 활동은 기업은 '주고' 사회는 '받는' 일방적인 구조가 아니라 기업과 사회 모두의 이익을 추구한다는 점에서 분명 의의가 있다. 그러나 그것의 실질적인 효과에 대해 좀 더 자세하게 분석해보자.

기업의 입장에서 이미지를 위한 사회책임 활동의 가장 큰 한계점은 이미지 제고와 실질적인 이윤 창출 간의 모호성이다. 우선 투자자, 소비자 등 대중의 이중적인 반응은 기업의 사회적 책임 활동이 반드시 기업의 매출 상승 효과를 발생시키는지 의구심을 갖게 만든다.

동아시아연구원EAI과 여론조사 기관인 글로브스캔Globescan이 공동으로 실시한 조사는 투자자들의 이중적 태도를 보여준다.[29] 직간접적으로 주식투자에 관여하고 있는 389명에게 'CSR을 잘하는 기업이 더 많은 이윤을 남길 것으로 보는가'라고 질문했을 때 60%가 긍정적으로 답변했다. 그러나 CSR이 실질적으로 주식투자 결정에 미친 영향에 대해 물어보자 29%만이 '한 번 이상 영향을 미쳤다'고 응답했고, 44%가 'CSR 때문에 투자를 고려하기는 했지만 실제로 투자한 적은 없다'고 답했다. 투자자들의 인식과 실제 투자 사이에는 다소 간극이 있는 것이다([그림 1-2] 참고).

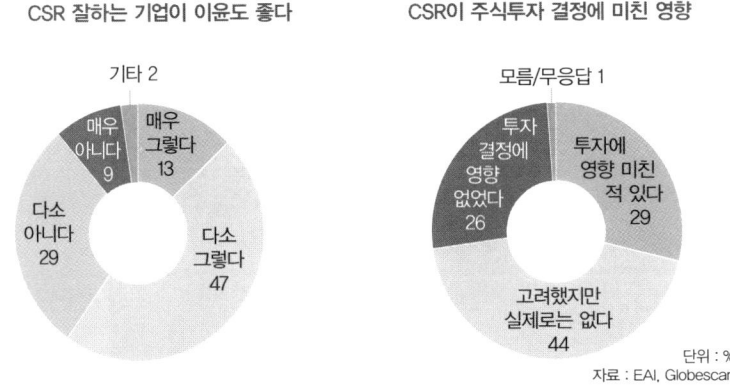

| 그림 1-2 | **CSR이 기업 투자에 미치는 실질적인 영향**

CSR 잘하는 기업이 이윤도 좋다

기타 2

매우 아니다 9
매우 그렇다 13
다소 아니다 29
다소 그렇다 47

CSR이 주식투자 결정에 미친 영향

모름/무응답 1

투자 결정에 영향 없었다 26
투자에 영향 미친 적 있다 29
고려했지만 실제로는 없다 44

단위 : %
자료 : EAI, Globescan

한편 대한상공회의소의 소비자 조사(2011)에서는 소비자의 이중적 태도를 엿볼 수 있다.[30] 응답자의 92%가 '윤리경영을 실천하는 기업의 제품 가격이 비슷하거나 조금 비싸더라도 구매하겠다'고 답했다. 이 결과를 단순하게 해석하면 '착한 기업이라는 이미지가 소비자의 구매에 중요한 요소구나'라고 인식하게 된다. 하지만 조사 결과를 좀 더 자세히 들여다보도록 하자.

이 조사에서 응답자의 84.7%가 '기업 이미지가 구매에 영향을 미친다'고 답했는데, 여기서 주의해야 할 것은 '기업 이미지에 영향을 주는 요인'에 대한 응답이다. 이 질문에는 69.3%가 '기업 제품의 품질 수준'이 기업의 이미지에 영향을 준다고 대답했다([그림 1-3] 참고). 단지 3.3%만이 '윤리경영'이 기업의 이미지에 영향을 미친다고 대답한 것을 놓치지 말자. 이는 무엇을 의미하는가?

권선징악에 익숙한 한국인은 착한 기업에 대해 기본적으로 우호적

| 그림 1-3 | **대한상공회의소 소비자 조사**

A. 기업 이미지가 구매에 미치는 영향

전혀 영향이 없다 1.6

별로 영향이 없다 13.7

매우 큰 영향을 미친다 32

다소 영향을 미친다 52.7

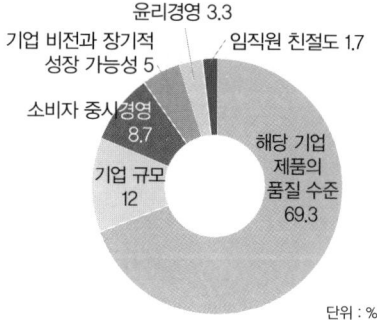

B. 기업 이미지를 결정하는 요인

윤리경영 3.3

기업 비전과 장기적 성장 가능성 5

임직원 친절도 1.7

소비자 중시경영 8.7

기업 규모 12

해당 기업 제품의 품질 수준 69.3

단위 : %

이다. 의도가 무엇이든 간에 기업이 좋은 일에 나서는 모습을 보면 호감이 가고 떡이라도 하나 더 주고 싶은 것이 보편적인 심리다. 그러나 '구매'라는 경제활동에 참여할 때는 다른 것을 떠나 합리적인 소비자의 입장을 취하게 된다. 자신의 지갑을 열어서 값을 치러야 하고 구매한 상품을 일상생활에서 사용해야 하는 만큼 합리적인 선택을 하려고 한다. 그렇기 때문에 같은 값이면 품질적인 측면에서 만족할 수 있는 상품을 구매하게 된다.

다시 말해 결국 소비자들이 눈여겨보는 것은 기업의 '착한 이미지'가 아닌 기업의 '좋은 상품'이라는 것이다. 이러한 조사 결과는 진정한 고객만족이 무엇인지 그 의미에 대해 다시 한 번 돌아보게 만든다.

필자는 1980년대에 미국 퍼시픽 대학University of the Pacific에서 교수를 한 적이 있다. 미국 캘리포니아 주 사립대학 중에서 가장 오래되고 등록금이 꽤 비싼 학교였기에 교내에서 학생들이 고급 자동차를 모는 모습을 흔하게 볼 수 있었다. 그때 당시 아직 서울 올림픽도 개최하기 전이라 미국인들은 한국이 아시아의 어디에 위치해 있는지조차 모르던 시절이었다. 이러한 상황에서 부자 동네에 사는 학생들은 가난한 아시아 국가 출신의 교수에게 수업을 받아야 한다는 사실을 탐탁지 않아 했다.

그런 시선이 느껴져 불편한 마음이긴 했지만 강단에 올라 '100년마다 바뀐 글로벌 리더'를 주제로 강의를 시작했다. 역사적으로 글로벌 리더는 스페인에서 시작해 네덜란드, 프랑스, 영국 그리고 미국으로 옮겨왔음을 지적하며 21세기의 새로운 글로벌 리더는 누가 될 것인지에 대해 질문을 던졌다. 당시 글로벌 리더라고 하는 미국은 무역 적자 문제가 수면으로 떠올라 미국 정치인들과 국민이 국산품 애용 운동인 '바이 아메리칸Buy American'을 한창 주장하고 있을 때였다.

바이 아메리칸을 외치는 학생들에게 필자는 두 가지 질문을 했다. "여러분이 타고 다니는 차는 무엇입니까?" "여러분이 사용하는 전자제품은 무엇입니까?" 이내 교실이 술렁거리기 시작했다. 그들의 의식 속에는 미국 제품을 사야 한다는 당위성이 자리하고 있었지만 사실상 행동은 그렇지 않다는 것을 깨달았기 때문이다. 실제로 그들이 운전하고 다니는 차는 대부분 유럽이나 일본 자동차였고, 전자제품 역시 당시 세계를 장악하고 있던 소니, 파나소닉, 산요 등의 일본 브랜드를 주로 사용하고 있었다. 바이 아메리칸이라는 의식은 학교 수업 시간이나 의회에서만 고취되었을 뿐 시장에서는 통하지 않았던 것이다.

이는 소비자가 기업의 이미지에 영향을 받는다고 하더라도 실질적으로는 기업이 출시하는 제품의 질이 가장 중요한 잣대가 된다는 논리를 뒷받침한다. 앞에서 언급한 김연아가 광고 모델로 활동했던 삼성 에어컨의 경우, 초반에는 김연아의 인지도에 힘입어 LG전자를 추격할 만큼 매출이 급상승했지만 2011년 잇단 에어컨 품질 불량으로 인해 매출이 급격히 떨어지고 말았다. 이는 제품의 광고 모델이 3년 연속 기억에 남는 광고 모델 1위를 차지했다 하더라도 제품의 질이 우수하지 않으면 광고 모델의 좋은 이미지로 소비자를 설득하는 데 한계가 있음을 보여준다. 즉, 기업이 아무리 이미지를 중시한다 해도 결국 기업의 1차적인 임무는 '좋은 기업'이라는 이미지가 아니라 '좋은 상품'을 생산하는 것임을 방증한다.

이미지를 높이기 위한 사회책임 활동은 기업의 사회적 책임을 일종의 이윤 창출 기회로 바라본다는 점에서 의미가 있다. 이 단계에서부터 CSR은 CSO로 바뀌었다고 볼 수 있다. 그럼에도 불구하고 앞서 살펴보았듯 이미지 제고를 위한 CSO 활동에는 몇 가지 한계가 존재한다. 이를 극복하기 위해 기업은 사회책임 활동을 지속적으로 그리고 더욱 적극적으로 시행할 수 있는 방안을 강구해야 한다. 궁극적으로 기업과 사회에 더 나은 가치를 만들어주는 더 나은 전략을 고민해야 할 것이다.

'책임'이 아닌
결정적 '기회'이기 때문에

경쟁력 강화를 위한 CSO

○○대학교의 경영학과 김모 교수는 학창 시절 힘들게 공부하면서 훗날 재정적 어려움으로 학업에 곤란을 겪는 학생을 돕는 것을 줄곧 꿈꿔왔다. 50대 중반이 된 그는 장학금으로 기부하기 위해 1000만 원이라는 금액을 모았다. 이제까지는 막연하게 돈만 모으면 된다고 생각해왔지만 막상 상황에 닥쳐보니 그는 장학금을 기부하는 데도 여러 통로가 있다는 것을 알게 됐다.

그는 기업의 장학재단을 통해 자신이 알지 못하는 누군가를 도울 수도 있고, 동문 장학재단을 통해 후배들을 도울 수도 있으며, 또는 자신이 가르치고 있는 대학교의 학생들을 직접 도울 수도 있다. 즉, 김 교수는 누구를 도울 수 있을지 선택할 수 있는 '선택권'을 가지고 있는 것이다. 김 교수는 어떤 통로를 택할지 고민하면서 자신이 연구해온 경영학의 기본적인 가치를 다시 한 번 생각하게 된다. 최소한의 투입으로 최대한의 결과를 얻고자 하는 '효율성'을 떠올리며 김 교수는 고민한다. '이왕 쓸 1000만 원, 좀 더 효과적으로 사용할 수 없을까?' 과연 그는 어떤 선택을 했을까?

우선 김 교수는 자신이 가르치는 학생 중에서 형편이 어려운 학생들을 돕기로 결정한다. 그런데 김 교수는 일회성의 금전적인 도움을 주는 게 아니라 학생에게 연구 조교로 함께 일할 것을 제안한다. 그렇게하면 학생도 자신도 보다 큰 효과를 볼 수 있다고 생각했기 때문이다. 학생은 김 교수와 함께 연구를 하며 금전적인 도움을 받을 뿐만 아니라 '경험'이라는 자산을 얻을 수 있다. 김 교수 입장에서는 늘 자신이 꿈꿔온 대로 학업에 곤란함을 겪는 학생을 도와주면서 자신이 연구하는 일에 참여하도록 함으로써 우수한 연구 인력을 얻게 됐다.

이뿐만이 아니다. 이 한 번의 경험에서 김 교수는 학생을 돕는 것이 곧 자신을 돕는 것임을 깨달았고, 애당초 한 번의 1000만 원 기탁으로 끝내려 했던 생각을 바꾸어 장기적인 장학 프로젝트를 도입하게 된다. 즉, 매년 형편이 어려운 학생을 연구 조교로 기용해 그들에게는 '장학금'과 '경험'이라는 자산을 주고, 김 교수 자신은 '보람'과 '연구인력 확보'라는 혜택을 누린 것이다.

이러한 김 교수의 장학금 기부 전략에는 일반적인 기부와는 다른 세가지 특징이 있다. 첫째, 김 교수는 '기부'라는 사회책임 활동을 행동으로 옮기기 전에 경영학적인 관점에서 고민했다. 즉, '최소 투입 대비 최대 효과'라는 경영학의 기본 이념을 따랐다. 김 교수는 효율성의 측면에서 장학금의 기부 방법에 접근했으며 1000만 원이라는 장학금으로 보다 큰 효용가치를 누리기 위해 고민했다. 장학금의 효율을 위한 김 교수의 고민은 곧 단순한 고민이 아니라 정교하고 구체적인 '전략'이라 할 수 있다.

둘째, 김 교수는 기부를 통해 수혜자인 학생만이 아니라 공여자인 자신도 실질적인 이익을 누렸다. 김 교수의 장학금 기부는 본래 본인이 꿈꿔온 '학업에 곤란을 겪는 학생 지원'이라는 선한 목적을 훼손하지 않았을 뿐만 아니라 동시에 이를 통해 학생과 교수가 모두 이득을 보는 윈윈 관계를 이뤘다. 여기서 김 교수의 '이득'은 정서적인 '보람'에 그치지 않는다는 점에 주목해야 한다. 김 교수의 이득은 그런 정서적인 만족을 초월해 '우수한 연구인력'까지 포함하는 것이며, 이는 교수의 실질적인 활동과 밀접한 관련이 있다. 즉, 수혜자가 되는 학생에게는 애초 도우려고 했던 것보다 더 많은 것을 주게 됐고, 김 교수 본인 역시 생각지도 못했던 이득을 보게 됐다. 금전적인 혜택뿐 아니라 연구조교 발탁이라는 특별한 혜택을 받은 학생은 다른 학생들보다 더 열심히 연구할 수 있기 때문에 교수와 학생 상호 간 학문적 성과가 일반적인 경우보다 더 크게 나타난다.

셋째, 김 교수의 장학금 기부는 일회성으로 그치지 않고 장기적으로 지속된다. 김 교수는 장학금을 기부함으로써 연구인력을 얻고, 이를 통해 본인의 주요 업무인 연구를 보다 효율적으로 진행할 수 있다. 이러한 이득은 앞으로도 장학금을 기부하고 싶게 만드는 동기부여가 되어, 장학금 기부가 지속적인 활동으로 진화하게 된다. 이제 장학금 기부는 김 교수에게 지속적으로 이득이 될 뿐만 아니라 장기적인 관점에서 여러 학생이 훌륭한 교수의 지도를 받아가면서 학업과 연구를 열심히 하는 것을 도울 수 있다.

위에서 예시한 김 교수의 장학금 기부 이야기는 오늘날 사회적 책임 활동을 이행하는 기업에 의미하는 바가 크다. 오늘날 기업의 다양한 사회책임 활동이 '기업의 착한 활동'이라는 명목으로 이뤄지고 있다. 그러나 기업들은 좀 더 솔직해질 필요가 있다. 정말 '착한 기업'이 된다는 그 사실 하나만으로 충분히 만족하는가? 또는 '착한 기업'이라는 평판을 얻는다는 것에 만족하는가?

이 장에서 필자는 '경쟁력 강화를 위한 CSO'를 다루고자 한다. 이는 앞에서 살펴본 '이미지 제고를 위한 CSO'와는 사뭇 다르다. 이미지를 위해 사회책임을 이행하는 기업이 실질적으로 창출해내는 사회적 효과는 간접적이고 측정하기가 힘들다. 기업의 사회책임 활동과 기업의 수익 창출 간에 사실상 직접적이고 긴밀한 관련성이 없기 때문에 기업의 사회책임 활동은 대의명분에 그치기 쉬우며, 사회에 돌아가는 실질적인 효과 역시 그렇게 크지 않다. 따라서 이러한 CSO는 지속 가능하기 어렵다.

하지만 경쟁력을 강화하기 위한 CSO는 기업의 이미지 제고라는 차원에서 끝나지 않는다. 오히려 기업의 경제활동 및 수익 창출과 직접적으로 연관이 있기에 기업이 이행하는 사회책임 활동은 정교한 전략을 바탕으로 시행된다. 이에 따라 그 효과는 보다 직접적이며 지속 가능하다.

경쟁력 강화를 위한 CSO는 생산과정과 사회책임 활동을 결합한 '생산 효율성 전략Production Effectiveness Strategy'과 사회책임 활동을 통해 다른 기업과의 차별화를 꾀하는 '차별화 전략Differentiation Strategy'으로 나눌 수 있다.

포장만 줄여도 환경 운동이 된다: 생산 효율성 전략

제품을 구입하면서 제품에 비해 포장 용기가 너무 과하다고 생각해 본 적이 있는가? 세계 최대 유통업체인 월마트Wal Mart는 이를 인지했고 대책 마련에 나섰다. 2006년 9월 22일, 월마트는 미국의 전 대통령 빌 클린턴이 주최한 '클린턴 글로벌 이니셔티브Clinton Global Initiative'에서 2년 뒤인 2008년부터 2013년까지 5년에 걸쳐 포장 용기를 5% 줄이겠다는 야심 찬 계획을 발표했다.

이 발표에서 월마트는 상품 포장에 들어가는 종이와 플라스틱 용기 5%를 줄이면 수백만 톤의 매립용 쓰레기를 줄일 수 있을 뿐만 아니라, 이산화탄소 66만 7000메트릭톤의 배출을 억제할 수 있다고 설명했다. 또한 포장 용기를 줄이면 부피가 줄면서 제품을 옮기는 차량의 운반 횟수도 줄어들게 돼 32만 3800톤의 석탄을 절감할 수 있으며, 디젤 역시 6670만 갤런이나 절감할 수 있다고 덧붙였다. 월마트는 앞으로 하도급 업체에도 이를 적용한다고 발표해 하도급업체 역시 불가피하게 월마트의 포장 줄이기 운동에 동참하게 되었다. 이에 전 세계 소비자와 환경 단체는 '월마트가 그린 혁명에 앞장섰다'며 좋은 반응을 보였다.

월마트의 포장 줄이기 프로젝트의 효과는 환경을 보호하는 차원에서 그치지 않는다. 월마트의 발표에 따르면 상품 포장 용기 5%를 줄이는 것은 환경에 도움이 될 뿐만 아니라 월마트의 경영에도 도움이 된다. 월마트가 목표한 대로 2013년까지 포장 용기의 5%를 감축한다면 월마트는 5년간 34억 달러(약 3조 6500억)라는 어마어마한 비용을 절감할 수 있다.[31] 포장을 감축함으로써 환경을 보호할 뿐만 아니라 월마트의 경쟁력도 향상될 수 있다는 것이다. 월마트는 만일 전 세계의 포장 업체 10%가 포장 용기를 5% 줄인다면 109억 달러의 비용이 절감될 것이라고 설명했다.

단순히 포장을 줄이는 것이 왜 월마트의 경쟁력 향상과 연결되는 것일까? 이는 비용 절감이 곧 '생산의 효율성'으로 이어지기 때문이다. 경제학이나 경영학을 배운 사람이라면 한 번쯤은 생산가능곡선Product Possibility Frontier, PPF이라는 것에 대해 들어봤을 것이다. 생산가능곡선이란 경제 내의 모든 생산요소를 투입했을 때 최대로 생산 가능한 X재와 Y재의 조합을 의미한다. 이러한 생산가능곡선은 기술의 진보, 비용 절감 또는 인력 확보 등의 환경 변화를 통해 축소 또는 확장되기도 한다.

[그림 1-4]는 생산가능곡선을 변형한 것으로 월마트의 포장 감축 정책에 따른 변화를 설명하고 있다.[32] 기업의 경영에서 대부분의 경우 생산의 효율성은 원가를 절감함으로써 향상될 수 있다. 월마트 역시 포장 감축 정책을 통해 포장을 단계적으로 줄여나가면서 제품을 공급할 때 소비되었던 포장 비용 및 운송 비용을 확연히 줄였고, 생산의 효율성을 제고할 수 있었다. 이를 통해 생산가능곡선이 확장되었고 보다

| 그림 1-4 | 포장 감축 정책을 통해 확장되는 월마트의 생산가능곡선

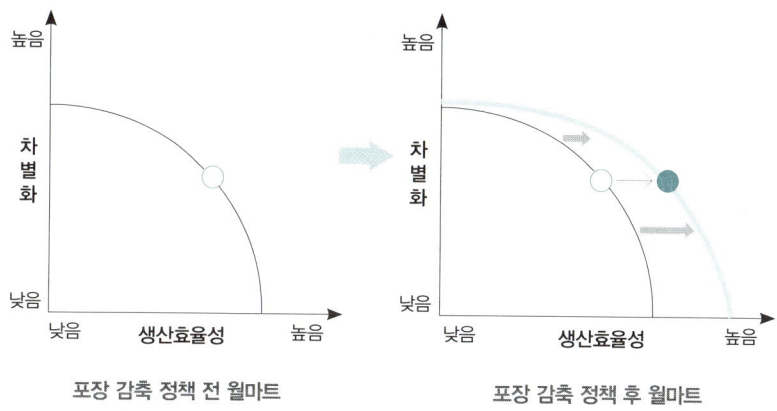

포장 감축 정책 전 월마트   포장 감축 정책 후 월마트

저렴한 가격에 동일한 제품을 유통할 수 있게 되면서 월마트의 경쟁력이 향상되었다.

이처럼 생산의 효율성을 염두에 둔 CSO는 기업의 생산과정 중 원가를 절감하는 것과 연관이 있으며, 기업은 이러한 활동을 통해 기업의 이미지 제고를 추구하는 동시에 생산 비용 절감의 효과까지 함께 누리게 된다.

할리우드에 하이브리드 차가 떴다!: 차별화 전략

할리우드 스타 레오나르도 디캐프리오Leonardo Dicaprio는 열성적인 환경운동가이기도 하다. 그는 환경 파괴의 위험을 알리는 다큐멘터리를 직접 제작할 정도로 환경보호에 적극적으로 나서고 있으며, 2007년 〈타임Time〉이 선정한 '영향력 있는 100인'에 배우가 아닌 환경운동가로서 이름을 올리기도 했다. 이토록 환경을 사랑하는 그의 자동차는 다름 아닌 도요타의 하이브리드hybrid 자동차인 '프리우스Prius'다. 하이브리드 자동차란 전기, 휘발유 등 두 종류 이상의 동력원을 사용할 수 있는 자동차를 지칭하는 것으로, 하이브리드 차를 사용할 경우 일반 자동차에 비해 환경에 유해한 배기가스를 덜 배출한다는 장점이 있다. 디캐프리오는 하이브리드카닷컴Hybridcars.com과의 인터뷰에서 "프리우스를 소유하고 있다는 것은 올바른 길로 가는 첫걸음입니다."라고 이야기했고 본인뿐만 아니라 가족들의 차까지 모두 프리우스로 구매하는 열정을 보였다.

프리우스는 줄리아 로버츠, 브래드 피트, 캐머런 디아즈 등과 같은 유명인들이 타고 다니면서 이슈가 되었고 '똑똑한 친환경 자동차'라는 평을 들었다. 자동차와 기름은 따로 떼어놓을 수 없다는 고정관념이 팽배한 상황에서 도요타는 어떻게 전기로 가는 자동차를 생각해낸 것일까? 이 이야기는 캘리포니아의 환경 규제 법에서 시작된다.

도요타는 1980년대에 들어서 미국에 본격적으로 진출하기 시작했다. 미국 진출 당시 도요타가 최초로 문을 연 프리먼트 공장은 캘리포니아 주에 위치했는데 기존에 GM이 사용하던 시설을 활용하는 합작 형태를 취했다. 지금도 그렇지만 당시에도 캘리포니아는 미국 내에서도 자동차 배기가스 규제가 상당히 엄격한 곳이었다. 이에 다른 자동차 회사들은 캘리포니아 주의 온실가스 배출 규제 법안을 막기 위해

주정부를 상대로 소송을 제기하기도 했다. 그러나 도요타는 미국의 환경 규제를 지켜보며 고민하기 시작했다.

'이것은 우리에게 위기인가 아니면 기회인가?'

도요타는 환경 규제가 도요타의 발목을 잡는 위협 요소가 아니라 또 하나의 출발점이 될 '기회'라고 답을 내린다. 그리고 전기로 운행하는 자동차를 연구한 끝에 1997년, 세계 최초로 하이브리드 자동차 프리우스를 출시했다. 도요타는 환경 규제를 장애물이 아닌 기회로 인식했고, 그 덕분에 자동차 업계에서 '친환경 자동차의 선구자'라는 독보적인 위치를 차지할 수 있었다. 즉, 도요타는 환경보호라는 기업의 사회 책임 활동을 이행하는 동시에 기업의 새로운 시장을 개척한 것이다.

[그림 1-5]는 프리우스 생산을 통해 생산가능곡선이 확장된 도요타의 성장을 보여주고 있다. 앞서 나온 월마트의 생산가능곡선은 '원가

| 그림 1-5 | **프리우스 생산을 통해 확장되는 도요타의 생산가능곡선**

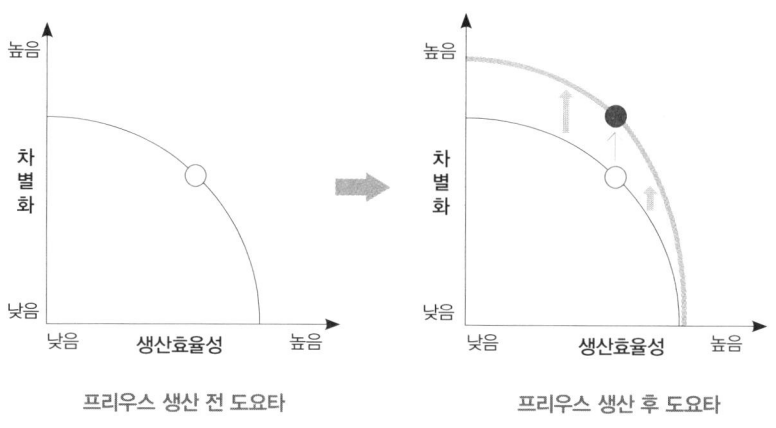

프리우스 생산 전 도요타   프리우스 생산 후 도요타

절감→생산의 효율성 제고→기업 경쟁력 향상'이라는 메커니즘을 따라 확장되었다. 그러나 도요타는 원가 절감에 중점을 두기보다는 Y축인 '차별화' 전략을 통해 경쟁력을 향상시켰다.

동일한 효율성을 유지할 때 차별화 전략을 바탕으로 '경쟁력 강화를 위한 CSO'를 펼치는 경우 사회책임 활동을 기업이 반드시 수행해야 하는 의무 또는 책임으로 여기지 않는다. 사회적 책임을 통해 또 다른 새로운 시장을 개척할 수 있음을 알기에 사회책임 활동이 곧 기회가 될 수 있다고 생각한다. 기업은 이 기회를 잡음으로써 동종업계에서 독보적인 위치를 구축하는 발판을 마련할 수 있다. 즉, 사회적 책임을 기업의 활동을 가로막는 '규제'가 아닌 '기회'라고 생각하고 이를 경영과 접목할 때 시장에서 선도자first mover 역할을 할 수 있다.

130년 전 노벨은 이미 CSO를 알았다

필자는 경제자문을 하기 위해 터키 옆에 있는 작은 나라 아제르바이잔을 방문한 적이 있다. 그곳에 머무는 동안 아제르바이잔에 관한 이런저런 새로운 면모를 발견할 수 있었는데 일정 중에 아주 흥미로운 사실을 알게 됐다. 과학자이자 사업가였던 알프레드 노벨Alfred Nobel의 가족이 130년 전 아제르바이잔에서 사업을 펼쳤다는 것이다.[33] 노벨가家가 그곳에서 단순히 사업을 벌이기만 했다면 특별할 게 없을 것이다. 하지만 놀랍게도 노벨가는 기업의 사회적 책임이라는 것이 논의되기 훨씬 이전에 이미 CSR을 넘어 CSO를 실천했다.

먼저 노벨 일가와 아제르바이잔의 인연에 대해 이야기해보자. 아제르바이잔은 20세기 초 세계 석유산업을 선도했는데 이때 스웨덴 출신 노벨 형제의 역할이 결정적이었다. 노벨가의 첫째 아들인 로버트는 군수품에 필요한 목재를 구하기 위해 종종 아제르바이잔을 방문하다 그곳에서 석유 사업에 대한 가능성을 발견해 동생 루드빅에게 사업을 제안했다. 당시 로버트와 셋째 동생인 알프레드는 기후변화에 적응하지 못하고 건강도 좋지 않아 루드빅과 그의 아들이 아제르바이잔에서 석유 사업을 벌이게 됐다.

1879년 루드빅은 형제들과 자금을 합쳐 회사를 설립했고 실력 있는 과학자와 기술자들을 끌어들였다.* 그는 석유를 추출하는 방법에서부터 석유와 관련된 제품을 개발하는 등 사업을 크게 일으켜 수많은 관련 시설을 세웠다. 송유관과 철제 석유 저장소를 만들고 조선 엔진에 필요한 기술을 처음 도입해 석유 생산의 현대화에 크게 기여했다.

루드빅은 사업 기회를 확대하고 효율성을 높이기 위해 석유 사업과 관련된 다른 사업들을 통합하는 데 주력했다. 석유 탐사 및 추출을 비롯해 드릴링과 개발, 상품 생산과정의 수직적 통합을 꾀했다. 당시 석유를 옮기는 데 드는 비용은 석유 생산 비용보다 몇 배나 비쌌다. 낙타나 개가 끄는 수레로 석유를 운송했기 때문에 '규모의 경제'를 창출할

---

* 'Naftaproduktionsaktiebolaget Bröderna Nobel'이라는 이름의 회사로, 약칭해서 '노벨의 형제들'이라는 뜻의 'Branobel'로 불렸다.

수 없었고 운송 시간도 길었다. 이에 루드빅은 저렴하고 안전한 석유 수송 방법을 강구했다. 그렇게 해서 만든 운송 수단이 바로 세계 최초의 유조선탱커인 조로아스터Zoroaster다.

이후 루드빅은 탱커의 선단을 만드는 사업을 시작했고 카스피 해를 넘어 대서양을 가로지르는 유조선 개발에도 큰 공헌을 했다. 그런데 유조선의 크기가 너무 거대했기 때문에 스웨덴에서 이를 건조하는 것은 무리였다. 결국 스웨덴에서는 선박의 일부분만 블록식으로 건조하고 이를 옮겨 발틱 해에서 용접하는 방식을 취했다. 당시로서는 굉장히 혁신적인 제조 방식이었다. 루드빅은 철도 탱커를 처음으로 도입하고 석유 송유도관을 건설해 질 좋은 제품을 빠르고 안전하면서도 저렴한 가격으로 유통시키는 데 성공했다.

이후 47년간 쌓아온 노벨 형제의 석유 사업은 불행하게도 러시아의 볼셰비키 혁명으로 끝을 맺었다. 당시 노벨 제국이라 불릴 만큼 큰 사업체를 가지고 있던 노벨가는 모든 자산을 볼셰비키에 빼앗기고 한 푼도 없이 아제르바이잔을 빠져나와야 했다. 여기서 또 하나의 중요한 사실은 볼셰비키가 혁명 후 금권 정치가와 재벌plutocrats을 처단하던 시기에 아제르바이잔의 현지 노동자들이 나서서 "노벨가의 사람은 모두 '좋은 시민'이니 죽여서는 안 된다"며 노벨 일가를 보호했다는 점이다. 이 노동자들을 '노벨 사람들Nobelites'이라 불렀는데, 이들은 노벨가의 집 주변에 인의 장막을 치고 노벨 식구들을 외국으로 탈출시켰다. 이들이 엄청난 위험을 무릅쓰고 노벨 일가의 탈출을 도왔던 이유는 무엇일까?

이제 노벨가의 사회적 책임 활동 이야기가 시작된다. 노벨 일가는 단순히 성공한 기업가가 아닌 사회에 대한 책임을 몸소 실천했던 사람들이다. 루드빅과 그의 아들 엠마누엘은 선두적인 기업가였을 뿐 아니라 종업원과 사회에 파격적인 공헌을 했다. 이들은 직원들과 이익의 일부를 공유하는 제도를 만들었다. 이는 노동자를 소모적 자원expendable resource으로 여기던 당시 사회 분위기에서 매우 진보적인 행위였다. 노벨 일가는 직원들에게 숙박시설을 제공하고 복지시설뿐 아니라 공원 및 문화생활 공간, 더 나아가 인재 양성을 위한 교육비와 유학 장학금을 제공했다.

엠마누엘은 특히 인재 양성에 큰 관심을 보였다. 그는 회사 순이익금의 무려 40%를 사회사업과 아제르바이잔의 과학 연구 진흥을 위해 사용했다. 더 나아가 빌라페트롤레아Villa Petrolea 지역을 개발해 직원들과 그 식구들을 위한 학교, 도서관, 병원 등을 지었다. 기업의 사회적 책임이 일반화되기 100여 년 전에 노벨 일가는 이미 그것을 실천한 셈이다.

노벨가의 석유 사업은 아제르바이잔의 바쿠를 석유 상거래의 중심지 Black Gold Capital로 만들었을 뿐 아니라 코카서스Caucasus 지역의 석유산업 및 관련 산업 발전에 큰 영향을 끼쳤다. 1883년에는 바쿠에서 그루지야의 트빌리시를 잇는 최초의 철도가 놓였고 1907년에는 흑해 연안의 바투미까지 연결하는 송유관이 설치됐다. 바쿠 시의 상업 발달로 아제르바이잔의 금융 산업도 크게 발달했다. 그뿐만 아니라 해외 건축업자들에 의한 건물 디자인과 빌라페트롤레아의 지역개발은 이후 바쿠의 건축양식에 큰 영향을 끼쳤다.

노벨가의 CSO를 살펴보면 기업과 사회가 모두 발전할 수 있는, 상당히 진화된 개념의 사회적 책임을 수행했음을 알 수 있다. 이러한 사례는 오늘날 많은 기업이 진행하는 사회책임 활동 역시 앞으로 더욱 발전된 방향으로 성숙될 수 있음을 보여준다.

지금까지 기업의 사회책임 활동을 어떻게 분류할 수 있는지, 그 원리와 사례에 대해 알아보았다. 기업이 사회적 책임에 임하는 동기가 어떠하든 간에 오늘날 사회책임 활동은 기업 경영과 떼려야 뗄 수 없는 필수 과제가 되었다. 사회적 요구가 점점 커짐에 따라 그 의미도 더욱 중시되고 있다. 이제 기업은 사회책임 활동을 '짐'이 아닌 '기회'로 보고 접근해야 한다.

생존을 위한 CSR과 자기만족을 위한 CSR은 사회에는 이익을 줄 수 있지만 기업으로서는 별다른 이익을 얻을 수 없다. 따라서 '착한 기업'의 범주를 벗어나기가 어렵다. 반면에 이미지 제고를 위한 CSO와 경쟁력 강화를 위한 CSO는 기업의 이익과 사회의 이익을 동시에 추구한다는 점에서 '스마트 기업'으로 구분할 수 있다. 이제 우리 기업들이 착한 기업에서 스마트 기업으로 나아가야 하는 이유에 대해 살펴보기로 하자.

핵 심 정 리

● 불우이웃 돕기, 장학재단 설립, 공공 캠페인…. 이런 것이 기업의 사회책임 활동의 전부는 아니다. 하지만 아직도 많은 기업은 사회를 위해 단순히 '좋은 일'을 하는 것에 만족하고 있다. 사회를 위해 선행을 베풀면 언젠가 위기가 닥쳤을 때 방패막이가 되어줄 거라 믿는 기업도 적지 않다. 그러나 이는 착각일 뿐이다.

성숙하지 못한 기업의 사회적 책임 활동은 '생존'을 위해 또는 단순히 '자기만족'만을 위해 이루어지고 있으며, 기업이 희생해서 사회에 이익을 제공한다는 논리를 저변에 깔고 있다. 그러나 기업은 사회에 기여하면서 동시에 기업의 '이미지'를 제고할 수 있고, 더 나아가서는 기업의 '경쟁력'을 강화할 수 있다. 기업의 사회책임 활동은 다음 4단계로 구분된다.

1단계 : 생존을 위한 CSR

사회적 압력에 의해 또는 사회적 반발을 사전에 예방하기 위해 비자발적으로 CSR을 이행하는 경우다. 큰 손실을 본다 해도 어쩔 수 없이 사회책임 활동을 해야만 하는 상황이기 때문에 기업 입장에서 CSR은 불가피한 지출로 여겨진다. 기부나 봉사 등 단순한 방식으로 이뤄질 때가 많다.

2단계 : 자기만족을 위한 CSR

기업 철학에 따라 지역사회를 위한 활동을 하거나 CEO의 의지에 따라 장학재단이 세워지는 경우처럼 '도덕적 만족형'과 스스로 뿌듯함을 느끼기 위해 CSR에 나서는 '자아도취형'이 여기에 포함된다. 사회책임 활동을 통해 자기만족을 얻기 때문에 재정적 손실이 있다 하더라도 활동을 지속한다. 이 단계에 해당하는 기업은 기업으로서 반드시 해야 할 일을 놓치고 있는 것은 아닌지 살필 필요가 있다.

3단계 : 이미지 제고를 위한 CSO

'착한 기업'이라는 이미지는 기업 브랜드 또는 상품에 대한 호감도를 높이는 데 일조한다. 이를 통해 기업은 전략적으로 사회책임 활동을 마케팅이나 이미지 관리 도구로 사용하기도 한다. 이때 기업은 브랜드 이미지 제고를 통한 자기이익을 꾀하며, 자발적으로 사회책임 활동을 펼친다. 시혜적인 성격의 '비용'이 아니라 사회와 기업의 가치를 동시에 높일 수 있는 '투자'로 인식하고 있기 때문이다. 그런 의미에서 기업의 사회적 책임CSR은 기업의 사회적 기회CSO가 된다.

4단계 : 경쟁력 강화를 위한 CSO

가장 정교한 전략을 바탕으로 사회책임경영을 시행하는 단계다. CSO 활동을 기업의 전략으로 융화시키면서 기업의 본업 또는 제품의 경쟁력을 높이게 된다. 경쟁력을 위한 CSO는 사회책임 활동을 기업의 가치사슬에 적극적으로 반영하는 '생산의 효율성'과 사회책임 활동을 통해 제품을 차별화함으로써 새로운 시장을 개척하는 '차별화 전략'이라는 두 가지 효과를 기대할 수 있다. 이 단계에서는 혜택을 받는 사회가 다시 기업의 경쟁력을 높이는 데 도움을 주기 때문에 기업과 사회의 선순환 구조가 형성된다.

"

사회적 소명을 가진 세련된 형태의 자본주의가 필요하다.
사회적 소명은 단순한 자선 행위에 머무는 것이 아니라
경쟁과 경제 가치 창출에 대한 심오한 이해를 바탕으로 실천되어야 한다.
"

— 마이클 포터Michael E. Porter & 마크 크레이머Mark R. Kramer

착한 기업을 넘어
스마트 기업으로

전 세계 수많은 기업이 사회책임경영에 대한 강화 방안을 내놓고 각양 각색의 활동을 펼치고 있다. 기업의 사회적 책임은 경영 패러다임을 바꿔놓고 있다. 우리 기업들도 사회적 책임 수행을 주요 과제로 꼽으며 적극적으로 추진하겠다고 밝힌 바 있다.

사실 우리 기업들의 사회적 책임 활동은 매우 활발한 편이다. 조사에 따르면 사회적 책임에 대한 논의가 지금처럼 활발하지 않았던 2002년에도 기업에서 기부나 봉사 활동을 통해 사회공헌에 들인 금액은 선진국 못지않았다. 한국 기업의 사회적 책임 활동은 일찍이 상당한 규모로 진행되고 있었다. 그런데 이러한 한국 기업들의 사회적 책임 활동은 얼마나 효과적으로 이뤄지고 있을까? 사회책임경영을 통해 기업도 만족할 만한 혜택을 누리고 있는가? 이 질문에 자신 있게 '그렇다'고 대답할 수 있는 기업이 과연 얼마나 될까 싶다. 물론 현재 이뤄지는 한국 기업의 사회책임 활동이 전부 잘못되었다고 비판하는 것은 아니다. 하지만 지금까지 기업의 사회책임 활동이 얼마나 효과가 있었는지에 대해 생각해보자는 이야기다.

마이크로소프트Microsoft의 사례를 하나 들어보겠다. 윈도 95와 인터넷 익스플로러를 성공시킨 빌 게이츠Bill Gates는 당시 심각한 문제에 직면해 있었다. 회사는 급격히 성장하고 IT 기업들이 계속해서 생겨나는데, 이를 뒷받침해줄 IT 전문 인력이 턱없이 부족했기 때문이다.

'능력 있는 인재를 어디서 어떻게 구하지? 학교를 설립해서 필요한 사람들을 직접 길러볼까? 아니면 IT 전문 인력 양성 프로그램 같은 걸 지원하는 게 좋을까?'

회사의 미래가 달린 중대한 고민이었다. 오랜 고민 끝에 빌 게이츠는 교육기관을 새로 만들기보다는 기존의 전문대학에 지원을 하기로 결정했다. 그렇게 하는 것이 마이크로소프트의 핵심역량을 효과적으로 발휘하면서 사회적으로 이로운 가치를 창출하는 길이라고 판단한 것이다. 당시 미국에서는 대략 50만 명의 IT 인력이 모자란 상황. 빌 게이츠는 거기에 주목했다. 인력난을 마이크로소프트만의 문제로 바라보지 않은 것이다. 그는 21세기 지식 혁명의 시대에는 훨씬 더 많은 IT 전문가가 필요할 것이고, 앞으로 IT 산업이 미국의 미래에 지대한 영향을 끼칠 것이라고 확신했다.

당시 IT 관련 교육은 대부분 전문대학community college에서 이뤄지고 있었고, 전문대학에 다니는 학생은 미국 전체 대학생의 45% 정도를 차지했다. 하지만 교육 여건은 제대로 갖춰져 있지 않았다. 강의실 기자재는 구식이라 무용지물이고, 업계에서 원하는 수준의 최신 기술을 가르칠 수 있는 교수나 강사가 부족했다. 무엇보다도 IT 전문 인력 개발 프로그램이 표준화되어 있지 않아 현실적으로 체계적인 교육이 이뤄지기 어려웠다.

마이크로소프트는 이러한 문제를 파악한 뒤 먼저 워싱턴 주의 전문대학을 대상으로 지원 사업을 펼쳐나갔다. IT 전문가인 직원들을 전문대학에 파견해 각 대학에서 필요로 하는 최신 기술을 전수했다. 자사에서 개발한 다양한 소프트웨어를 제공하는 한편 낙후된 기자재도 교체해줬다. 또한 수업 과정을 표준화하고 체계화하는 데 도움을 주고, 교수 학습개발센터를 설립해 교수진의 실력까지 향상시켰다. 이후 마이크로소프트는 미국 전문대학연합American Association of Community Colleges, AACC과 파트너십을 맺고 지원 활동을 미국 전역으로 확대해나갔다.

마이크로소프트의 이러한 창의적인 사회공헌 활동은 성공적이었다. 지원을 받은 학생들은 새로운 기술을 익히고, 전문적인 능력을 갖추게 되었다. 졸업생들은 좋은 조건으로 취업을 하거나 직접 사업에 뛰어들어 벤처기업을 설립했다. 양질의 교육을 받은 많은 전문가가 업계에 진출하면서 미국의 IT 산업 발전이 촉진되었음은 물론이다.

마이크로소프트 역시 지원을 통해 배출해낸 전문가들을 고용해 인력난에 적극 대처함으로써 성장에 탄력이 붙게 되었다. 매출 증대 효과도 컸다. 수많은 졸업생이 마이크로소프트의 제품을 더욱 많이 사용하면서 충실한 고객이 되었기 때문이다. 즉, 마이크로소프트의 대학 지원 프로그램은 사회뿐만 아니라 자사의 발전에도 큰 영향을 끼쳤다.

사실 마이크로소프트가 사회공헌 활동을 막 시작했을 당시만 하더라도 다른 기업들과 별로 다를 바가 없었다. 처음엔 도움을 요청해오는 기관에 기부금을 전달하는 게 전부였다. 단발적이고 지엽적인 사회공헌에 그쳤던 것이다. 그렇다면 무엇이 마이크로소프트의 행보를 변화시킨 것일까? 그것은 바로 기업의 사회적 책임을 바라보는 '관점'이다. 마이크로소프트는 사회적 책임 활동을 단순히 '기업이 사회에 뭔가를 주는 것'으로만 보지 않고 이를 기업의 본질, 즉 이윤 창출과 결합시켰다. 이러한 결합은 곧 마이크로소프트만의 고유한 사회공헌 활동을 낳았고, 사회와 기업이 모두 이득을 보는 결과를 이끌어냈다.

이를 좀 더 넓은 개념으로 확장해 생각해보자. 우리 사회가 기업에 사회적 책임으로 요구하는 바의 영역과 기업이 자신의 본질에 충실하면서 추구해야 할 사회적 책임으로서의 영역은 무엇일까? 그 사이에는 어떠한 교차 지점이 존재하는지 살펴보도록 하자.

멍청한 기업, 이기적 기업, 착한 기업, 스마트 기업

필자는 수년간 한 기업의 장학재단 이사를 맡고 있어 매년 장학금 수여식에 참가한다. 얼마 전에 있었던 장학금 수여식에서 장학금을 받는 학생들 중 한 명이 대표로 감사의 말을 전했다. 그 학생은 "받은 장학금만큼 열심히 공부해서 많이 배워 오겠습니다"라고 했는데 이에 필자는 다음과 같이 답사를 했다.

"이 장학금을 준 기업은 지난 10년 동안 100배의 성장을 했습니다. 지금의 성장세를 유지해 장학금을 회사의 발전에 쓴다면 학생이 공부를 마칠 5년 후에는 그 가치가 거의 50배로 불어날 수도 있다는 이야기가 됩니다. 이런 개념을 경영학에서는 기회비용이라고 하지요. 그러니 장학금만큼 공부해서는 안 됩니다. 현재 받은 장학금보다 50배 이상은 더 공부해야 5년 후에는 개인은 물론 회사 입장에서도 이익이 될 겁니다."

이 말에 좌중에서 유쾌한 웃음이 흘러나왔다. 물론 농담 반 진담 반으로 이야기한 것이지만 기회비용이라는 용어는 곰곰이 생각해볼 만하다. 기회비용이란 한 가지를 선택함으로써 포기하게 되는 다른 무언가를 의미한다. 같은 시간에 여러 가지 일이 벌어졌을 때 무엇을 먼저 할지 결정하거나 같은 돈으로 어떤 것을 구매할지 결정하는 기준은 한정된 시간이나 돈으로 더 많은 만족이익을 주는 것을 선택하는 것이다.

기업에서 이익을 창출하기 위해 쓸 수 있는 자원이 무한정하다면 이러한 개념이 필요 없겠지만 자원이 유한하기 때문에 가장 적은 양의 자원으로 가장 큰 효과를 노리는 것이다. 따라서 각 기업에서는 자사가 제일 잘할 수 있는 특정 전문 분야를 선택하고, 경쟁사보다 기업의 이익과 소비자의 이익을 더 많이 창출하기 위해 다양한 전략을 펼치고 있다. 기업의 사회책임 활동을 위에서 언급한 자원 투입의 개념으로 보았을 때, 올바른 전략을 사용해 기업의 이익과 사회의 이익을 늘리는 활동은 당연한 것이다.

보통 무엇을 할 때 '전략적'으로 접근한다고 하면 곱지 않게 보는 경향이 있다. 이는 전략에 대해 잘못 이해하고 있기 때문이다. 전략은 자신의 이익만을 취하기 위한 묘수가 아니라 가치를 창출하기 위한 방법이기에 전략이라는 용어 자체에 대해 거부감을 가질 필요는 없다. 특히 회사를 경영할 때 올바른 전략이 얼마나 중요한지 다음의 사례들을 통해 살펴보자. 모두 실제 사례인데 여기서는 기업의 이름을 밝히지 않고 내용을 약간 바꿔서 예시했다.

세상엔 네 종류의 기업이 있다[1]

　기업 A는 국내 브랜드의 세계적 명품화를 추구하는 패션회사다. 기존 해외 명품들과 경쟁하기 위해 그와 비슷한 디자인의 제품들을 만들고 가격도 높게 책정해 판매하고 있다. 특히 브랜드 이름을 이탈리아어로 새롭게 지으면서 이탈리아와 관련된 행사라면 많은 돈을 들여 기부 활동을 펼치고 있다. 브랜드를 이탈리아 관련 행사에 자주 노출시켜서 소비자들이 이 브랜드를 이탈리아 브랜드로 인식하게끔 하려는 의도에서다. 그러나 이러한 활동이 특별히 사회에 이익을 주었다기보다는 이탈리아 관련 행사를 주관한 기관에만 도움을 준다는 의식이 점차 팽배해졌다. 소비자들은 이 브랜드가 뭔가를 속이려 든다는 인상을 받게 됐고 그에 따라 판매율이 예전 같지 않게 됐다. 결과적으로 사회 책임 활동의 효과는 물론 기업의 이익도 차츰 줄어들고 있다.

　기업 B는 식품업체로 성실하게 성장해오며 인기 제품을 생산하고 있다. 그러나 얼마 전부터 제품의 재료 가격이 상승하면서 기존 재료보다 품질이 떨어지는 재료를 쓰기 시작했다. 처음에는 질이 떨어지는 재료를 사용해 제품을 만드는 것이 윤리상 문제가 있음을 알고 망설였지만 기본적인 맛과 식감에 큰 차이가 없을 뿐 아니라 회사의 이익에 영향을 미치기 때문에 계속 질 낮은 재료를 쓰기로 결정했다. 그렇게 재료가 달라진 것은 아직 외부에 잘 알려지지 않았다. 설령 알려지더라도 어느 정도 벌금만 내면 되기 때문에 사실이 밝혀질 수 있다는 위험부담과 현재의 수익률을 비교할 때 저질 재료를 계속 사용하는 것이 더 좋을 것이라고 판단했다. 이 기업도 이따금 사회공헌 활동을 펼치고 있지만 생색내기 식으로 최소한의 범위에서 하고 있다.

기업 C는 사회적 책임 활동을 잘하기로 정평이 나 있다. 기업은 깨끗한 이미지를 가지고 있으며 언론 매체들이 실시하는 청렴 기업, 이미지가 좋은 기업에 대한 설문조사에서 항상 상위권을 차지하고 있다. 그러나 정작 문제는 회사의 경영 상태다. 이 기업은 사회책임 활동과 기업 이미지에만 집착한 나머지 회사 경영에서는 합리적인 의사결정을 하지 못할 때가 많다. 다행히 이 기업에서 판매하는 제품군 가운데 하나가 그나마 잘 팔리는 소비재 상품이긴 하지만, 나머지는 항상 적자를 면치 못하고 있다. 기업 내부의 일각에서는 경쟁사에서 그 인기 상품에 도전하는 새로운 제품을 출시할 것이라는 소문을 듣고 대책 마련에 고심하고 있다.

여기서 언급한 기업들을 종합해보면, 기업 A는 사회의 이익과 기업의 이익이 전반적으로 낮다. 사회공헌 활동을 벌이고 있음에도 불구하고 이를 사회의 이익 창출과 결부시키지 못하고 이에 치중한 나머지 기업의 이익마저 떨어뜨리고 있는 기업이다. 기업 B는 사회의 이익을 창출하는 데는 관심이 없거나 때로는 사회의 이익과 반하는 행위를 하면서 가능한 모든 수단을 동원해 기업의 이익만을 높이려고 하는 기업이다. 기업 C는 사회의 이익에는 큰 기여를 하고 있으나 정작 기업의 이익은 그리 높지 않기 때문에 비효율적인 경영을 하는 기업이다.

기업 A와 같이 사회와 기업 어디에도 도움이 되지 않는 기업을 '멍청한Stupid 기업', 기업 B와 같이 자사의 이익만 추구하는 기업을 '이기적Selfish 기업', 기업 C와 같이 사회의 이익에는 크게 기여하지만 기업의 이익은 많이 창출하지 못하고 때로는 재정적 손해를 감수하면서까지 사회적 책임을 수행하는 기업을 '착한Good 기업'으로 구분할 수 있다. 물론 필자가 제시하고자 하는 기업은 사회의 이익은 물론 기업의 이익까지 함께 창출하는 '스마트Smart 기업'이다. 이렇게 세상에는 네 종류의 기업이 있다. 이를 도식화하면 [그림 2-1]과 같다.

| 그림 2-1 | **기업의 이익과 사회적 이익에 의한 기업 분류**

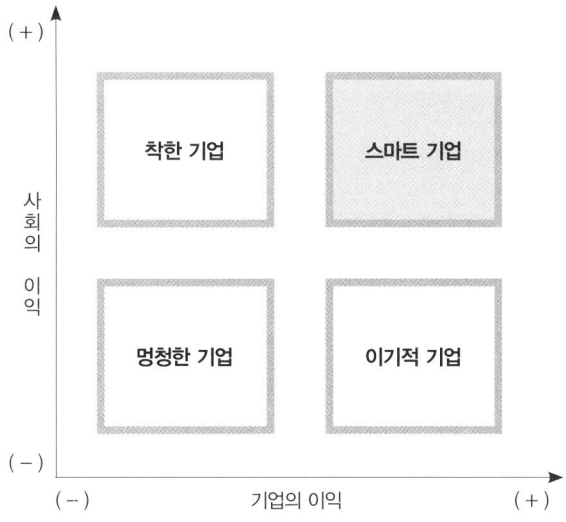

윤리경영과 경영전략은 기본

현실 사회에서는 윤리경영이 기업에서 제시하는 중요한 비전이나 목표처럼 보이기도 하지만 사실 윤리경영은 사회적 이익을 위한 기본요건이다. 이러한 윤리경영을 시행하지 않는 기업은 멍청한 기업 또는 이기적 기업이라고 분류되기 때문이다([그림 2-2] 참고). 하지만 멍청한 기업과 이기적 기업도 사회적 압력에 의해 윤리경영을 실천하게 되는 경우가 있다. 그러면 자연스레 착한 기업 또는 스마트 기업으로 거듭날 수도 있다.

또한 기회비용을 고려한 기업의 활동은 전략적 활동이라고 할 수 있는데 이는 기업의 이익을 높이기 위해 필요하다. 물론 이러한 경영전략에도 사회적 이익을 감소시키면서 기업의 이익만 높이는 이기적 기업의 경영전략도 있다([그림 2-3] 참고). 그러나 이런 이기적 기업은 경영전략은 있지만 윤리경영이 충족되지 못한다. 이와는 반대로 착한 기업은 윤리경영은 충족하지만 경영전략이 부족하다. 윤리경영과 경영전략을 모두 갖추고 기업과 사회에 모두 도움이 되는 기업이 바로 스마트 기업이다.

경영전략을 잘 활용하고 윤리경영이 제대로 이뤄지면 착한 기업이나 이기적 기업은 바로 스마트 기업이 될 수 있다. [그림 2-4]를 보면 각 기업의 차이점이 무엇인지 정확히 알 수 있을 것이다. 현재 많은 기업이 멍청한 기업 아니면 이기적 기업의 수준에 머물러 있다. 최근 들어 몇몇 착한 기업의 활동이 두드러지긴 하지만 스마트 기업이라고 말할

| 그림 2-2 | **윤리경영과 기업 모델**

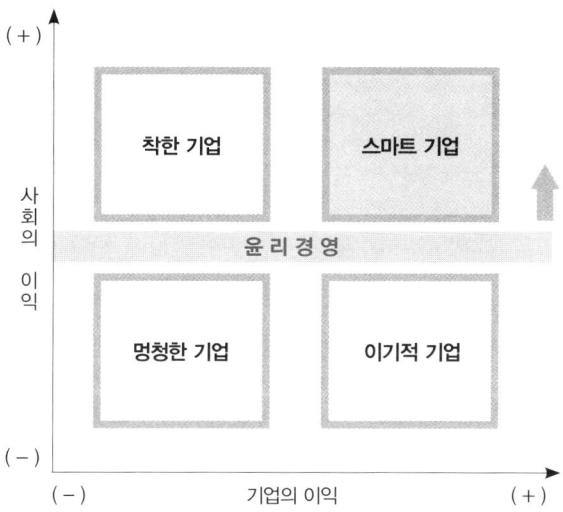

| 그림 2-3 | **경영전략과 기업 모델**

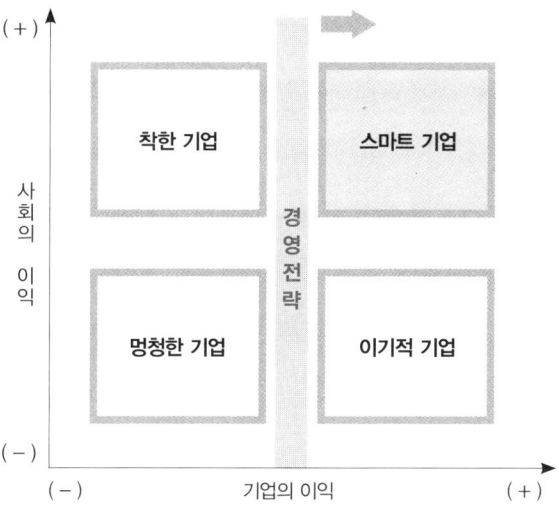

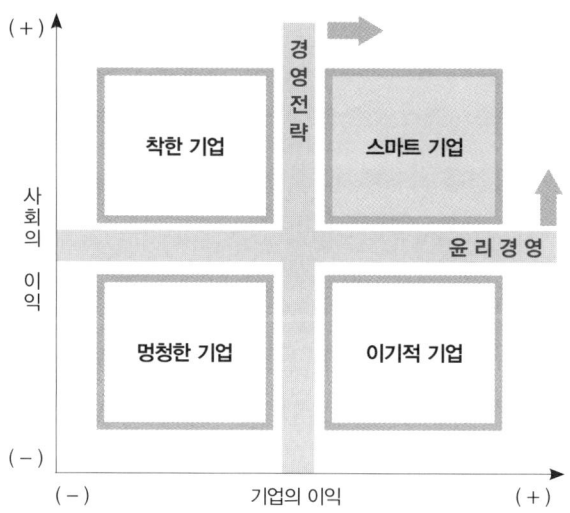

수 있는 곳은 찾아보기 어려운 것이 현실이다.

이 장에서는 '착한 기업과 스마트 기업은 어떻게 다른가'에 대해 집중적으로 다루고자 한다. 착한 기업과 스마트 기업은 모두 사회의 이익을 창출하려고 노력한다. 그러나 이 두 기업의 근본적인 차이는 '손해를 보면서 사회공헌 활동을 하느냐' 아니면 '사회공헌 활동을 통해 기업의 이익도 창출하느냐'에 있다.

착한 기업은 기업의 이익이 감소하고 사회적 이익이 증가한다는 일방적 나눔을 이론적 기반으로 하지만 스마트 기업은 기업의 이익과 사회적 이익이 함께 증가하는 상생적 나눔을 바탕으로 하고 있다. 착한 기업은 한쪽이 희생을 해야 한다는 생각이 깔려 있는 반면, 스마트 기업은 기업과 사회가 모두 이익을 볼 수 있다는 긍정적 시각에서 출발한다.

또한 착한 기업은 선한 시민이 되고자 하는 목적의식 하나만을 가지고 있으나 스마트 기업은 기업의 근본적인 목표인 이윤 극대화에 충실하면서도 사회 발전에 보탬이 되고자 하는 두 가지 목적을 가지고 있다. 이러한 관점의 차이로 인해 사회적 책임 활동의 전략적인 면에서 착한 기업은 일반적으로 비효율적이다. 하지만 스마트 기업은 사회공헌을 하는 데 있어서도 다른 경영 활동과 마찬가지로 최대의 효과를 얻고자 하는 전략을 기반으로 하므로 효율적인 운영을 하게 된다.

그러면 스마트 기업이 되기 위한 구체적인 전략에는 어떤 것들이 있는지 알아보도록 하자. 마이클 포터와 마크 크레이머는 사회적 이익과 경제적 이익을 동시에 높이는 전략에 대해 지속적으로 논의해오고 있는데[2, 3, 4, 5] 크게 두 가지 단계로 내용을 정리해볼 수 있다.

이 중 첫 번째는 사회적 이익과 경제적 이익을 높이는 데 가장 효과적인 수혜자 혹은 분야를 선택하는 것(selecting the best grantees)이다. 즉, 여러 수혜 대상 중에서 이익을 창출하는 데 최고의 생산성을 실현할 수 있는 대상 또는 가장 시급한 대상을 가려내 혜택을 주는 것이다. 그 다음 단계는 최상의 수혜 대상 가운데 기업의 핵심역량과 관련된 곳에 사회공헌 활동을 집중적으로 하는 것이다.

필자는 이러한 개념을 더욱 구체적으로 발전시켜보고자 한다. 마이클 포터와 마크 크레이머에 따르면 사회책임 활동을 하게 되면 기업은 사회의 일부에 기여하게 되며, 사회는 기업에서 받은 이익을 기반으로 새로운 이익을 창출하게 된다. 시간이 흐르면 이러한 사회의 이익 중 일부는 기업의 이익으로 환원되어 결과적으로 기업과 사회가 모두 이익을 보게 된다. 마이클 포터와 마크 크레이머는 사회의 이익이 결국 기업에 돌아오는 이익의 일부가 될 수 있으며, 그러한 부분에 대해 기업의 사회공헌 활동이 이루어져야 한다고 주장한다.

하지만 필자는 여기서 한 걸음 더 나아가 기업이 자사의 이익을 위해 사회공헌을 펼치는 것을 제안하고자 한다. 그러면 그 활동 자체가 기업의 경쟁력을 향상시키게 되고 이로써 기업은 새로운 이익을 보게 된다. 또한 사회도 기업이 제공한 이익을 기반으로 새로운 이익을 창출할 수 있다.

조건 없는 나눔에
박수를 보내기 전에

마음씨 좋은 빵집 사장님 박 씨는 요즘 일상이 즐겁다. 나눔의 기쁨을 느끼고 있기 때문이다. 10여 년 전 작은 가게로 시작한 박 씨의 베이커리는 꾸준히 입소문을 타며 성장했다. 몇 년 사이에 직원도 여러 명으로 늘었다. 가게 규모가 커지면서 박 씨는 주변 친구들에게 투자를 받아 매장을 더욱 번듯하게 확장하고 최신식 오븐을 들여놓았다. 베이커리 사업이 어느 정도 자리를 잡게 되자 박 씨는 사회를 위해 뭔가 좋은 일을 하고 싶다는 생각을 하게 됐다. 자선단체에 빵집 이름으로 기부를 하고 직원들과 함께 봉사 활동을 다니기 시작했다. 주는 것이 곧 행복임을 깨닫게 되면서 그는 후원하는 곳을 점차 늘려갔다. 베이커리 매출이 감소한 경우에도 후원 금액을 줄이지 않는데, 그 사실이 몇몇 언론 매체에 소개되어 사람들로부터 칭찬까지 받고 있다.

그런데 정작 베이커리 직원들은 불만이 적잖다. 언제부터인가 박 씨가 베이커리 경영에 영 소홀한 것 같기 때문이다. 가게 매출이 떨어져도 후원금을 줄이지 않다 보니 재정적으로 부담이 되었고, 직원들의 복지에도 부정적인 영향을 미쳤다. 직원들은 "우리가 빵집에서 일하는 거야, 무슨 자선단체에서 일하는 거야?" 하고 종종 투덜거린다. 박 씨에게 투자했던 친구들도 조금씩 불안한 마음이 들기 시작했다. '아니, 내가 투자한 돈으로 박 사장이 왜 이렇게 생색을 내는 거지? 요즘 수익이 그다지 좋지 않은 것 같던데 괜찮은 건가?'

당신은 박 씨를 어떻게 생각하는가? 착한 시민? 사회공헌에 힘쓰는 사장님? 이 이야기 속의 대중은 박 씨의 사회책임 활동에 박수를 보낸다. 이는 오늘날 우리 사회에서도 얼마든지 일어날 수 있는 현상이다. '○○기업이 매출액 감소에도 불구하고 불우한 학생을 돕는 장학재단 후원 액수를 줄이지 않았다'라는 보도 기사가 났다고 치자. '아름다운 기업' '인간적인 기업'이라는 찬사를 듣게 되지 않을까?

자, 그러면 이제 박 씨를 경영인으로서 평가해보자. 과연 그는 능력 있는 CEO인가? 아닐 것이다. 본연의 책무인 베이커리의 경영을 등한시하고, 사회 기부 활동에 지나치게 집중함으로써 베이커리 직원과 투자자들에게 손해를 끼치고 있기 때문이다.

기업의 본질은 무엇인가? 기업은 이익 추구, 즉 '이윤 창출'이 기본이 되어야 한다. 기업의 본질이 이윤 창출에 있다면 기업의 이익은 누구를 위한 것인가? 결론부터 얘기하자면, 기업의 이익은 먼저 기업을 위한 것이어야 한다. 그리고 기업의 사회적 책임 활동도 그 이익을 기반으로 실행되어야 한다.

기업의 본질에 충실한가?

 '사회적 책임 활동을 수행하는 기업'과 '사회적 기업'의 개념을 혼동하는 이들이 더러 있다. 일반 기업들이 사회적 기업으로 탈바꿈해 세상을 위해 좀 더 많이 공헌하고 기여하면 좋지 않겠느냐고 이야기하기도 한다. 그러나 일반적인 개념의 '착한 기업'과 '사회적 기업'은 의미하는 바가 매우 다르다.

 기업과 사회적 기업의 궁극적인 차이를 쉽게 설명하자면, 전자는 돈을 벌기 위해 빵을 만드는 기업이고, 후자는 굶주린 사람들을 위해 빵을 만드는 기업이다. 다시 말해 착한 기업은 기업의 목표인 이익의 극대화를 추구하지만, 사회적 기업은 사회 취약 계층을 지원하는 사회적 목적을 추구한다. 빈곤층에게 무담보로 소규모 생업 자금을 빌려주는 마이크로크레디트Microcredit를 전문으로 하는 그라민뱅크Grameen Bank는 대표적인 사회적 기업이다. 따라서 이러한 기본적인 차이를 잘 이해한다면 기업에 사회적 기업과 같은 조건 없는 사회공헌 활동을 기대하면 안 되는 이유를 알 수 있을 것이다.

 박 씨의 베이커리는 돈을 벌기 위해 투자를 받고 사람을 고용해 빵을 만들어 파는 기업이므로, 여기서 나오는 이윤은 박 씨의 주머니로만 들어가는 것이 아니다. 빵집에 투자한 사람과 고용된 직원을 비롯해 더 좋은 품질의 빵을 만들기 위한 갖가지 시설, 재료 및 제품 개발, 더 많은 빵을 팔기 위한 홍보, 그리고 앞으로 닥칠지 모르는 위기를 대비하는 데 사용되어야 할 것이다.

거듭 강조하지만 기업의 사회적 책임과 공헌도 그 기업의 이익을 기반으로 실행되어야 한다. 이를 잘못 이해하면 마치 기업의 사회공헌 활동에 대해 제동을 거는 것으로 받아들일지 모르겠다. 그러나 그것을 그만두라고 말하는 것이 아니다. 오히려 사회책임경영과 공헌 활동을 지속적으로 발전시켜나가기 위해서라도 기업의 생존이 우선되어야 함을 주장하려는 것이다. 기업의 생명력이 보장될 때 결과적으로 사회에 환원되는 가치도 계속 늘어날 수 있다. 왜냐하면 자기 자신의 이익을 추구하면서 사회책임 활동을 하는 경우, 사회의 이익을 증진시키고자 하는 막연한 의도만 가지고 있을 때보다도 더욱 효과적으로 사회에 보탬이 될 때가 많기 때문이다.[6]

기업이 '기업'이라는 본질에 충실해야 사회에 끼치는 긍정적인 효과도 더 크게 나타난다. 톱스타들의 사회봉사 활동을 예로 들어보면 이해하기 쉬울 것이다. 미국의 유명 배우 조지 클루니나 브래드 피트, 안젤리나 졸리를 보자. 이들은 '세계에서 가장 영향력 있는 100인' '세상에서 가장 아름다운 100인' 등에 언급되는 세계적인 스타로, 자신들의 본업인 '배우'라는 역할에 매우 충실하다. 동시에 유엔 평화대사 활동, 아이티 지진 구호와 인권 보호 활동 등에도 적극적이다. 대중은 이들이 사회공헌 활동에 참여하는 모습을 보면서 많은 관심을 기울이며 지지를 보낸다.

그런데 만약 이 스타들이 배우로서 능력을 인정을 받기보다는 사람들의 이목이 집중된 사회 기여 활동에 더욱 치중한다면 어떨 것 같은가? 이후로도 계속 연기 잘하는 배우, 세계적인 스타로 남을 수 있을까? 세상에 보탬이 되고자 하는 그들의 노력이 대중에게 여전히 강력한 영향을 끼칠 수 있으리라고 보는가?

지금까지 한 이야기의 요지는 결국 이것이다. 주객이 전도되어서는 곤란하다. 기업은 먼저 기업의 본분에 충실해야 한다는 사실을 잊어선 안 된다. 그래야 기업의 사회적 책임도 제대로 수행할 수 있다.

경영자가 회사와 개인을 헷갈리진 않았는가?

앞서 이야기한 박 씨에게는 또 다른 문제점이 있다. 베이커리를 본인 개인의 소유로 착각했다는 것이다. 물론 박 씨가 처음 설립하고 규모를 키워왔다는 측면에서 베이커리는 박 씨의 것이라고 볼 수 있다. 그러나 그것은 '창립자'라는 개념에 한정되어 있는 것이다. 직원을 고용하고 다른 사람들의 투자를 받아 경영하는 이상, 베이커리는 사장 개인의 소유가 될 수 없다. 베이커리를 통해 직원들은 '임금'을 얻고, 투자자들은 '이윤'을 얻고자 한다. 박 씨는 이를 잊고 있었던 것이다.

생각보다 많은 기업가가 이와 비슷한 우를 범하고 있다. 기업을 개인의 소유인 양 생각한다. 그러나 기업의 주인 개념은 주주, 직원 그리고 고객 등을 포함한다. 따라서 기업에서 어떤 사업에 돈을 지출하는 것은 엄밀히 말해 주주, 직원 그리고 고객의 돈을 사용하는 것이다. 여유 자금이 있다고 해도 이를 사회단체에 기부하는 게 좋은지, 종업원 복지 향상을 위해 쓸지, 새로운 기술 개발을 위해 투자할지 심사숙고한 후 결정해야 한다. 어디에 얼마를 사용해야 할지 각 사례에 해당하는 적절한 금액을 산정한 후, 어떤 선택이 사회에 최대한의 도움을 줄지를 계산해봐야 한다. 기업이 자선사업을 벌일 수는 있어도 기업 자체는 자선단체가 아니다.

기업을 이끄는 사람이 자칫 이 사실을 잊는다면 사회에 공헌한다는 명목으로 돈을 잘못 사용할 수도 있다. 이는 기업 윤리적인 측면에서 올바르지 않거니와 기업 발전에도 이롭지 않다. 다시 말해 기업의 사회공헌 활동은 조건 없이 이루어지는 선행에 초점이 맞춰지기보다는 여러 이해 관계가 얽혀 있는 공동의 재정을 어떻게 올바르게 사용할 것인지가 기준이 되어야 한다.

기업과 경영자 개인을 명확히 구분하기로 유명한 이가 바로 빌 게이츠다. 빌 게이츠의 이야기를 다시 한 번 해보자. 마이크로소프트가 급성장하고 있을 때 그에게 중대한 사건 하나가 일어난다. 1994년, 빌 게이츠의 어머니인 메리 게이츠가 암으로 세상을 떠난 것이다. 메리 게이츠는 생전에 자선 활동에 매우 열심이었다. 아들이 엠에스도스MS-DOS로 큰돈을 벌자 수익을 사회에 환원하고 자선 활동에 참여할 것을 적극 권유하기도 했다. 그때 빌 게이츠는 뭐라고 대답했을까?

"어머니, 지금은 도저히 그럴 여력이 없어요. 사업 말고 다른 데 신경 쓸 수가 없다고요. 나중에 할게요. 나이 들어 은퇴한 후에 좋은 일

많이 하면 되잖아요."

그러나 어머니의 갑작스러운 죽음 이후 빌 게이츠는 어머니가 평소 조언했던 대로 자선사업을 벌이기로 결심한다.[7] 그리고 개인적으로 사회봉사에 더욱 힘을 쏟기 시작했다. 2008년에 마이크로소프트 회장직에서 물러났는데, 그 이유는 주주나 회사의 자금이 아닌 자신의 개인 재산으로 자선사업에 효율적으로 매진하기 위해서였다. 그는 아내인 멜린다와 함께 세계 최대 자선단체인 '빌 앤 멜린다 게이츠 재단Bill & Melinda Gates Foundation'을 설립해 그곳에서 근무하고 있다. 기업인은 자선사업가가 될 수 있어도 기업 자체는 자선단체가 아니다. 빌 게이츠는 철저한 경영 논리로 많은 돈을 벌었고, 그 자신에게 배당된 돈 대부분을 재단을 통해 사회에 기부했다. 마이크로소프트를 통해 사회에 기부한 게 아니다.

이렇듯 빌 게이츠는 기업이 수행해야 하는 사회적 책임과 개인적인 차원의 사회적 책임을 철저히 구분했다. '조건 없는' 베풂과 나눔을 누구보다 열심히 실천하면서 이를 기업의 경영에까지 확대하지는 않았다. 기업의 본질과 경영자로서 해야 할 일을 인식하고, 그것을 개인의 영역과 분리할 줄 아는 CEO였다.

네슬레Nestle의 피터 브라벡-레트마테Peter Brabeck-Letmathe 회장도 그와 같은 입장을 취한다. CEO로서 회사를 통해 사회에 자선 활동을 하는 것이 허락되어서는 안 된다고 밝힌 바 있다.

"이러한 주장은 현 사회에서 충격적일 수 있을 겁니다. 하지만 자선 활동을 벌이는 사람은 그 누구든지 간에 '자신이 소유한 돈'을 가지고 해야지, '주주가 회사에 투자한 돈'을 사용하는 건 옳지 않다는 게 제 생각입니다."[8]

기업은 CEO의 것이 아니다. 기업의 사회적 책임과 CEO 개인의 사회공헌 활동은 분명히 다른 의미를 갖는다. 이러한 경계를 제대로 알고 있어야 보다 가치 있는 기업의 사회책임경영이 가능해진다.

워런 버핏Warren Buffett 버크셔 해서웨이 회장은 자신의 상당한 주식을 빌 앤 멜린다 게이츠 재단과 자선단체에 쾌척하면서 '더 기빙 플레지The Giving Pledge, 기부 서약' 운동을 통해 미국 기업인들로부터 기부 약속을 이끌어내고 있다. 최근 들어 우리 기업가들도 '통 큰' 기부에 앞장서는 사례가 늘고 있지만 아직까지 우리나라의 기부는 개인보다는 기업 중심으로 이뤄지고 있다. 외국 부호들의 기부 문화를 통해 진정한 노블레스 오블리주Noblesse Oblige가 무엇인지 곰곰이 생각해볼 필요가 있다. 개인의 자발적인 기부와 기업의 기부는 그 목적과 방법을 확실하게 구별해야 하며, 기업의 경우 더욱 조심스럽고 정교한 전략을 세워야 할 것이다.

고객의 지갑을 이용한 마케팅은 아닌가?

오늘날 다수의 기업이 자사의 고객인 일반 소비자와 함께 나눔을 실천하고 있다. 소비자가 제품을 구매하면 수익의 일부를 불우한 사람들을 위해 쓰는 방식이 일반적이다. '같이 좋은 일을 하자'는 취지를 밝히고 소비자들에게 기업의 사회적 책임 활동에 동참할 것을 권하는 것이다. 이를 공익연계 마케팅, 대의명분 마케팅Cause-Related Marketing, CRM이라 하는데 흔히 '착한 마케팅' 또는 '코즈 마케팅'이라 하기도 한다.

이에 대한 대표적인 사례로 탐스슈즈를 들 수 있다. 탐스슈즈는 2006년 블레이크 마이코스키Blake Mycoskie가 창립해 미국의 캘리포니아에 본사를 둔 신발 업체다. 잘 알려진 이야기지만, 블레이크 마이코스키는 아르헨티나를 여행하던 중에 신발 한 켤레 살 돈이 없어서 맨발로 지내는 어린아이가 많다는 걸 알게 됐다고 한다. 신발을 신지 못해 여러 가지 질병에 노출돼 있는 아이들을 보면서 어떻게 하면 도움을 줄 수 있을까 궁리하던 그는 기발한 비즈니스 모델을 생각하게 된다. 신발을 팔면서 기부도 할 수 있는 회사, 탐스슈즈를 차린 것이다.

그는 아르헨티나 전통 신발인 알파르가타Alpargata에서 착안한 편한 신발을 만들어 판매하면서 독특한 마케팅 전략을 펼쳤다. 신발을 한 켤레 사면 가난한 제3세계 아이들에게도 한 켤레를 기부할 수 있다는 'Buy One Give OneBOGO' 캠페인을 벌였고, 사람들은 이런 착한 브랜드 철학에 열광하기 시작했다. 그 결과 탐스슈즈는 불과 2년 만에 글로벌 브랜드로 자리 잡을 수 있었다.

탐스슈즈는 기업의 사회적 책임 활동의 일환으로 가난한 어린이들에게 이익이 되는 일을 하고 있다. 그런데 탐스슈즈의 사회적 책임 활동은 기업 자체에 의한 것이기보다는 탐스슈즈를 구매하는 소비자가 부담하는 측면이 더 크다. 기업의 착한 활동이 실제로는 소비자의 지출을 통해 이뤄지고 있다는 말이다. 이를 어떻게 바라봐야 할 것인가?

소비자들의 반응에서 살펴볼 수 있듯이 탐스슈즈의 마케팅 전략은 재미있고 참신하다. 하지만 이를 잘 살펴보면 우리가 미처 깨닫지 못한 중요한 사실을 발견할 수 있다. 바로 '소비자의 효용'이라는 관점이다. '소비자의 지출'과 '물건의 구매'라는 요소만을 생각해보았을 때, 사실 소비자는 손해를 보고 있다. 소비자는 돈을 지불하고 한 켤레의 신발을 얻지만, 사실상 한 켤레 이상의 가격을 지불하는 것이기 때문이다. 즉, 신발 한 켤레의 실제 구매가는 본래 소비자가 구입할 수 있었던 가격보다 훨씬 비싸다는 얘기가 된다.

이러한 탐스슈즈의 마케팅 전략을 들여다보면 신발을 얻는 아이들이 있는 반면, 거기에 돈을 지불하는 소비자가 있다. 어쩌면 혹자는 이에 대해 이렇게 말을 할지도 모르겠다.

"탐스슈즈의 제품을 구입하면 신발을 사 신지 못하는 불쌍한 한 아이를 위해 좋은 일을 한다는 뿌듯함을 느낄 수 있잖아? 그렇다면 소비자가 꼭 손해를 본다고 말할 수 있는 건 아니지."

그러나 필자가 여기서 말하고자 하는 것은 '상대적인 관점'이다. 만약 소비자에게 '뿌듯함'이라는 보람이 가장 큰 효용이라면, 그 사람은 신발을 사는 것보다는 어린이를 돕는 단체에 기부할 때 더 큰 만족을 느낄 수 있을 것이다. 반면에 소비자에게 '신발'이라는 재화가 가장 큰 효용이라면, 훨씬 더 비싼 값을 치르면서 신발을 구입하는 셈이 된다. 결국 어느 쪽을 우선시하든 간에 탐스슈즈를 구매하는 경우 소비자가 얻을 수 있는 최고의 효용은 놓치게 되는 것이다.

한 가지 더 짚고 넘어갈 문제는, 탐스슈즈라는 기업의 이름으로 행하는 사회적 책임 활동임에도 불구하고 막상 탐스슈즈보다도 그 제품을 구입하는 고객들이 지불하는 게 더 많다는 점이다. 가난한 아이들에게 도움을 주고, 그것을 이용해 기업의 발전을 꾀하는 일이 실은 고객의 주머니에서 나온 돈으로 이루어지는 것이다. 이런 식으로 기업이 소비자의 소비를 통해 기부 활동을 하는 방식은 코즈 마케팅의 가장 기본적인 유형으로 최근 들어 각광받고 있다. 경우에 따라 기부 형태는 물품이 되기도 하고 기금이 되기도 한다. 한데 그 원리를 자세히 들여다보자. 결국은 기업이 고객에게 기대어 그들의 '착한 심리'를 절묘하게 이용한 것이라고 볼 수 있지 않겠는가?

정말 '자선' 덕분인가?

> "아무리 이기적으로 보이는 사람이라 할지라도 그는 본능적으로 타인의 행운에 관심을 가지고 있으며, 또한 그의 본성 안에는 타인의 행복을 보는 것 외에는 달리 얻을 것이 없다 하더라도 타인의 행복을 곧 자신의 행복으로 삼는 어떠한 원리들이 자리 잡고 있다."[9]

《도덕감정론The Theory of Moral Sentiments》이라는 책에 나오는 이야기다. 이 책을 쓴 사람이 누군지 아는가? 영국의 도덕철학자이며 경제학자인 애덤 스미스Adam Smith다. 어떤 이들은 그를 최고의 사상가라고 칭송하는 반면, 또 어떤 이들은 이기심과 탐욕을 바탕으로 한 오늘날의 경제를 만들었다고 비판하기도 한다. 그 논란의 중심에는 언제나 그의 저서 《국부론The Wealth of Nations》이 있다. 그런데 애덤 스미스가 《국부론》을 출간하기 17년 전인 1759년에 《도덕감정론》을 출간했다는 사실을 아는 사람은 그리 많지 않다.

《도덕감정론》을 자세히 읽어보면 '이 사람이 정말 내가 알고 있는 애덤 스미스가 맞나' 싶을지도 모른다. 《국부론》에서 철저하게 '개인의 이익'을 강조한 것과는 달리 《도덕감정론》에서는 그가 '사회'라는 공공의 이익을 두고 고민한 흔적이 느껴지기 때문이다. 이 책에서 애덤 스미스는 "설령 내가 얻는 것이 없다 하더라도, 다른 사람들이 행복해하는 모습만 보아도 행복해질 수 있다"고 이야기했다. 이 외에도 《국부론》의 애덤 스미스를 떠올리기 어려운 구절이 여럿 있다. 그렇다면 이 타주의적인 도덕철학자였던 애덤 스미스가 개인의 이익을 중시하는 경제학자로 변신한 것을 어떻게 설명할 수 있을까?

애덤 스미스는 《도덕감정론》을 처음 출간한 이후 5회에 걸쳐 개정했다. 흥미로운 것은 《국부론》이 출간된 이후에 《도덕감정론》을 여러 번 개정했음에도 불구하고 《도덕감정론》의 중심 사상에는 아무런 변화가 없었다는 것이다. 이는 곧 애덤 스미스가 자신의 저서인 두 출판물의 사상이 상충되지 않는다고 인지했음을 뜻한다. 이는 《도덕감정론》의 최종 판에 새롭게 추가된 '독자에게'라는 제목의 서문을 보면 잘 알 수 있다. 그는 다음과 같이 말했다.

"이 책의 초판 마지막 구절에서 나는 […] 법과 정부의 일반 원리에 관하여 […] 또 다른 책에서 설명해야겠다고 말했다. […] 나는 이 책에서 적어도 생활행정, 공공수입, 군비에 관한 한 이 약속을 부분적으로 수행했다."[10]

이를 통해 애덤 스미스가 《도덕감정론》에서 질서와 번영의 기초가 되는 인간의 본성이 무엇인지를 논했고, 이후에 집필한 《국부론》에서는 질서와 번영을 효율적으로 이뤄내는 전략적 방법으로 경제학을 다루었음을 알 수 있다. 간단히 말하자면 "인간의 본성 자체는 자신뿐만이 아니라 남도 잘되는 것을 바라는 선한 것이지만, 이를 효과적으로 성취하기 위해서는 자신의 이익을 추구하는 경제 논리가 필요하다"고 주장한 것이다.

이러한 배경을 잘 이해한다면 《국부론》을 새로운 관점에서 바라볼 수 있다. 이 책은 이기심이나 탐욕을 옹호하기 위해 쓰인 것이 아니라 사회, 즉 공공의 이익을 고민하는 가운데 저술되었다. 그런데 애덤 스미스가 냉철한 통찰력으로 평범한 일상을 관찰한 결과 이런 결과가 도출된 것이다.

'자선benevolence이 아닌 개인의 이익self-interest을 따를 때 공공의 복지public good는 필연적으로 따른다.'[11]

이 주장이 언뜻 이해가 되지 않을 수 있으므로 이 원리를 일상생활에 적용해 살펴보도록 하자.

가족들과 둘러앉은 평범한 저녁 밥상을 한번 떠올려보라. 김이 모락모락 나는 밥, 구수한 찌개, 잘 익은 김치…. 이 음식들은 어디서 온 것일까? 우리 어머니들은 '농부의 수고스러운 땀'에 의해 모든 게 만들어진 것이라고 이야기한다. 그럼 이 말은 보통 어떻게 이해되는가? 농부들이 우리 가족을 위해 땀 흘려 고생하고 희생한 것이다. 그러나 현실은 어떠한가?

애덤 스미스의 합리적인 분석에 따르면 농부는 국민 또는 소비자를 위해 봉사하거나 희생한 것이 아니다. 밥상에 오른 음식은 누군가의 자선 활동으로 만들어진 게 아니라, 자기 자신의 이익을 추구하는 활동에서 비롯된 것이다. 냉정하게 이야기하면 농부가 땀 흘려 벼농사를 짓는 이유는 밥 먹는 국민을 위해서가 아니라, 쌀을 팔아서 받을 돈 때문이다. 농부가 지극히 개인적인 자신의 이익을 위해 열심히 일할 때, 소비자는 비로소 맛있는 먹거리를 공급받을 수 있다.

애덤 스미스는 이와 같은 현상을 그 유명한 '보이지 않는 손invisible hand'이라는 개념으로 설명했다. 인간이 개인의 이익을 따라 행동할 때 거기에 '자선'이라는 의미가 포함되지 않았더라도, 그리고 주체가 되는 인간이 아름다운 결과를 굳이 의도하지 않았다고 하더라도 공공의 복지는 바로 서게 된다는 것이다.

'자선' 활동은 행위자가 곤경에 빠졌을 때에는 언제라도 중단될 수 있는 위험이 있고, 단발성으로 그칠 수 있다는 한계가 있다. 반면에 '개인의 이익'을 위한 활동은 어려울 때에 오히려 더 열심히 행하게 된다. 그런 의미에서 자선 활동보다 지속적일 수 있다. 이러한 지속적이고 성실한 개인의 이익 추구 활동이 직접적으로 공공의 이익으로 연결된다는 원리는 가히 신비롭다고 할 수 있다.

그러한 면에서 선한 공공의 활동을 하는 기업의 사회적 책임에도 '보이지 않는 손'의 원리는 똑같이 적용된다. 기업이 '자선'이라는 가치를 내세우며 사회적 책임을 수행할 때 이는 단기적인 비효율적 활동으로 그칠 위험이 있다. 그러나 사회적 책임을 통해 기업에 이익이 되는 '이윤profit'이라는 가치를 추구한다면 오히려 더욱 지속적이고 효율적인 전략을 이끌어낼 수 있다. 기업에 사회적 책임이란 사회를 위해 단순히 좋은 일을 하는 단기적 선행 활동이 아니다. 기업에도 도움이 되면서 실질적으로 공공의 이익을 이끌어내는 자연스러운 과제라고 보아야 할 것이다.

도덕적 가치는
이제 기본 자산이다

앞서 우리는 '개인의 이익 추구'가 결국에는 '공공의 이익'으로 연결된다는 애덤 스미스의 논리를 살펴보았다. 이를 두고 어떤 이들은 애덤 스미스가 이야기한 '개인의 이익 추구self-interest'를 '탐욕greed'과 혼동한 나머지 '그래서 지금 기업더러 탐욕을 앞세워 경영하라고 부추기는 건가?' 하고 의아해할지도 모르겠다.

개인의 이익 추구와 탐욕. 이 두 개념은 모두 '남'이 아닌 '나'를 중심으로 하기 때문에 언뜻 비슷해 보이지만, 사실 그 두 개념은 매우 다른 것이다. 따라서 혹시 있을지 모를 독자의 혼동을 막기 위해 '개인의 이익 추구'와 '탐욕'의 차이점을 짚고 넘어가고자 한다.[12]

기본적으로 '탐욕'은 합리적이지 않다. 탐욕적인 기업은 기업의 이익만을 생각하며 사회의 이익은 뒷전에 둔다. 이런 기업은 눈앞의 작은 이익을 추구하느라 기업을 경영하는 데 중요한 요소인 '사회적 윤리'를 간과하게 된다. 이 과정에서 기업은 현재의 행동이 장기적인 관점에서 독이 될 수 있음을 깨닫지 못한다.

이런 기업은 사회에는 해가 되고 기업에만 득이 되는 경영을 하는 이기적 기업이 되어 장기적인 관점에서 성공하기 어렵다. 단기적으로 이윤 창출의 목적은 달성할지 모르지만 지속 경영은 불가능하다는 말이다. 따라서 탐욕에 눈이 먼 이기적 기업은 오늘날 기업의 사회책임 활동에 대한 논의 대상에서 제외된다.

이익을 추구한다고 하면 보통 계산적이라고 생각하기 쉽지만 좋은 의미에서는 합리적이라고 볼 수 있다. 이익을 추구하는 기업은 이윤 창출을 도모할 뿐 아니라, 사회에도 이익이 돌아가게끔 한다. 합리적인 기업은 기업과 사회가 떼려야 뗄 수 없는 밀접한 연관성을 가지고 있음을 알기 때문이다. 그러므로 기업에 마이너스 요인이 될 수 있는 사회적 명성, 특히 정직, 공정, 윤리와 관련된 사항에 더욱 신경을 쓴다. 더 나은 내일을 위해 '지출'이 아닌 '투자'로서 사회적 책임을 수행하기도 한다. 이와 같은 기업 경영이 지속되면 결국 기업은 의도하든 의도하지 않든 사회를 위한 활동을 많이 하게 되고, 이 과정에서 사회와 기업은 윈윈 하는 좋은 이웃 관계가 된다.

반칙을 하면 지속 성장은 없다

사실 애덤 스미스는 오래전에 경제활동에서의 '윤리'에 대해 설명했다. 《도덕감정론》을 보면 경제활동과 관련된 인생을 '달리기 경주'로 비유해 윤리적 가치와 정의에 대해 강조하고 있다.

> "부富, 명예 또는 승격昇格을 위한 경주에서 그는 자신이 할 수 있는 한 최선을 다해 뛸 것이다. 그리고 경쟁자들을 제치기 위해 모든 신경과 근육을 집중할 것이다. 그러나 그가 경쟁자 중 한 명이라도 밀치거나 넘어뜨린다면 관중의 관용은 거기서 완전히 끝날 것이다. 이는 관중이 받아들일 수 없는, 페어플레이에 대한 반칙이다."[13]

여기서 첫 번째 문장을 주의 깊게 살펴보면 '반칙'을 설명하기 전에 최선을 다하는 선수의 모습을 이야기하고 있다. 이는 곧 어떤 경우라도 반칙은 반칙이라는 사실을 강조하는 것이다. 경주에 참여하는 선수가 아무리 최선을 다했고, 자신의 모든 노력을 기울였다 하더라도 반칙은 결코 용납되지 않는다는 것이다.

애덤 스미스는 인생의 활동을 경주가 아닌 건축에 비유하기도 했다. 그는 선행beneficence을 행한다는 것은 건물을 아름답게 꾸며주는 장식으로 추천할 만한 것이지만 강요할 필요는 없다고 주장했다. 반면에 정의justice는 건물의 전체를 받쳐주는 주요 기둥이라고 표현하며 그 기둥이 없어지면 인간 사회라는 거대한 건축물은 한순간에 산산이 깨질 것이라고 단언했다.[14] 정의와 같은 윤리가 기본 중의 기본임을 더욱 강하게 주장한 것이다.

즉, 애덤 스미스에게 윤리와 정의라는 개념은 선택 사항이 아닌 필수조건이었다. 이는 오늘날 기업의 경제활동에도 마찬가지로 적용된다. 기업이 이윤 창출이라는 목표를 위해 아무리 열심히 달린다고 할지라도 정도正道를 걷지 않거나 비윤리적으로 반칙을 하게 된다면 이는 곧 '아무것도 아닌 것'이 된다. 윤리경영은 추가적인 선택이 아닌, 개인은 물론 기업이 자신의 존재를 위해서 반드시 지켜야 할 덕목이다.

실제로 세계의 많은 기업 가운데 윤리경영을 실천하지 않아서 위기를 맞거나 망한 경우가 적지 않다. 한때 미국 최고의 철도 부호였으며 천문학적 재산을 소유하고 있던 밴더빌트Vanderbilt 가문은 프랑스의 고성을 뉴욕 맨해튼으로 통째로 옮겨오는 등 상상하기 힘든 소비를 일삼으면서 윤리경영을 제대로 하지 않았다. 결국 1877년 군대를 동원해 진압할 정도의 대규모 파업이 발생했다. 200여 명의 노동자가 숨지는 사태가 일어나면서 이후 계급 간 갈등이 미국 전체로 확산되기도 했다.

밴더빌트 가문은 전 재산의 대부분을 후손들에게 상속했다. 그 돈으로 후손들은 미국 동부 전역에서 수많은 저택과 영지를 사들였다. 로드아일랜드에서 플로리다까지 밴더빌트 저택이 산재했을 정도다. 하지만 부자는 삼대를 가지 못한다는 말처럼 삼대가 지나가면서 가세는 점점 기울기 시작했다. 결국 밴더빌트가는 이 저택들을 팔아넘길 수밖에 없었고, 이때 처분된 저택들은 정부에 귀속돼 박물관이나 공원으로 바뀌었다. 밴더빌트 가문이 남긴 유일한 사회적 재산은 테네시 주 내

슈빌Nashville에 있는 밴더빌트 대학이다. 이는 밴더빌트가 사망하기 얼마 전 기부한 100만 달러로 설립됐다. 당시 2000억 달러에 달했다는 밴더빌트의 천문학적 재산에 비하면 미미한 액수지만, 이 적은 기부금 덕분에 밴더빌트라는 이름이 오늘날까지 남을 수 있었다.

앞에서도 언급한 카네기와 록펠러의 인생은 전기와 후기로 나눌 수 있다. 지금은 많은 존경을 받고 있는 그들도 기업가 인생의 전반부에서는 '윤리경영'이라는 가치를 놓친 적이 있다. 특히, 카네기는 임금 협상 문제로 노사가 첨예하게 대립하고 있을 무렵 홈스테드 제강소를 일방적으로 강제 폐쇄하는 조치를 감행했고, 이에 반발한 노동자들이 제강소를 점거해 사태가 악화됐다. 이를 해결하기 위해 카네기 측은 경비 용역업체인 핑커턴 회사 소속의 경비원들을 대거 투입했다. 노동자들과 경비원들 사이에 큰 충돌이 일어나 7명의 노동자와 3명의 경비원이 사망하고 수백 명이 다치는 홈스테드 파업Homestead Strike 사건이 발생해 주 방위군이 투입되는 상황에 이르렀다.

록펠러의 전기는 카네기보다도 더 심했다. 그는 정부 매수, 비밀거래, 뇌물수수, 협박, 독점, 경쟁 방해, 저임금 등으로 노동자는 물론 소비자까지 착취했다. 특히 노동 착취를 참지 못한 콜로라도 주의 탄광 직원이 파업을 일으켰을 때 민병대 병력으로 하여금 광원들과 그들의 가족들이 머물던 천막촌을 기습하게 해 민병대원들이 마을에 불을 지르고 기관총을 쏘아 많은 여자와 어린이가 사망한 러들로 학살Ludlow Massacre의 원인을 제공하기도 했다.

윤리경영을 실천하지 않아 발생한 일련의 사건들로 인해 카네기와 록펠러에 대한 부정적인 여론이 미국 사회에서 들끓게 되었고 언론은 그들을 공공연히 비판했다. 사회의 악화된 여론을 무마하기 위해, 기업의 생존을 위해 이 두 사람은 마음을 바꾸어 윤리경영을 실천하기 위해 노력했다. 그리고 사회를 위해 엄청난 공헌 활동을 했다. 이러한 적극적인 노력 덕분에 카네기와 록펠러는 존경을 받으며 그 이름을 유지할 수 있게 됐다.

여기서 우리는 '착하지 않으면 지속성장을 할 수 없다'는 교훈을 얻을 수 있다. 경제가 선진화될수록 이러한 윤리경영은 당연한 전제 조건이 된다. 그렇다면 윤리경영에 있어 한국의 기업들은 어느 수준에 와 있는지 살펴보기로 하자.

대한민국에는 착한 기업이 많다?

세계에서 규모가 제일 큰 기업 500개를 뽑아서 순위를 매기는 〈포춘 Fortune〉의 2011년도 '포춘 글로벌 500'이 발표됐다.[15] 여기서 언급된 세계적인 기업들과 한국 기업들의 순위를 비교해보고, 각 기업들의 웹사이트를 통해 경영 이념, 경영 철학 등을 조사해보면서 재미있는 사실을 발견했다. 그것은 한국 기업들은 대체적으로 이념, 비전, 핵심 가치 등을 통해 윤리경영에 특별한 관심을 두고 있는 반면, 외국 기업들은 회사의 전문 분야와 가치 창출 또는 이와 관련된 내용에 초점을 맞추고 있다는 점이다. 이에 대한 예로 글로벌 500의 상위 5개 외국 기

업과 상위 5개의 한국 기업이 내세우는 경영 핵심 사항을 정리해보면
[표 2-1]과 같다.

외국 기업들은 기업의 본질적인 가치를 표명한 경영 방식을 추구하
는 반면 한국 기업들은 윤리경영을 특히 강조하고 있음을 알 수 있다.
그렇다면 외국 기업들은 윤리경영에 관심이 없는 것일까? 왜 한국의
기업은 유난히 윤리경영을 강조하는 것일까?

이는 이전까지 한국 기업들이 윤리경영을 제대로 하지 못했다는 하
나의 방증이다. 이제부터라도 윤리경영을 강조하며 지속경영을 펼쳐
나가겠다고 다짐하는 것이다. 선진국의 기업들이 이러한 윤리경영을
특별히 강조하지 않은 이유는 그것이 당연한 기본이기 때문이다.

현재의 한국 기업들이 사회책임 활동을 활발히 펼치면서 윤리경영을
강조하는 것은 가장 기본적인 생존을 위한 것에 지나지 않는다. 그러

| 표 2-1 | **포춘 글로벌 500에 속한 대표적인 기업들의 기업 운영 핵심 비교**[16]

순위	기업명	내용
1	월마트	지역경제 활성화, 가격 경쟁력, 국민경제 기여
2	로열더치셸	새로운 에너지 및 청정 에너지 개발, 배출가스 감소
3	액슨모빌	주주, 소비자, 노동자, 지역사회의 만족
4	BP	삶의 질 향상(건강, 안전, 노동자, 사업 파트너, 정부 및 지역 정부)
5	SINOPEC	정부 자산의 가치 창출 및 보존
22	삼성전자	인재제일, 최고지향, 변화선도, **정도경영, 상생경영**
55	현대자동차	무한책임 정신, 가능성의 실현, **인류애의 구현**
82	SK	발전환경 조성, 가치 창출, 고객만족, **사회공헌, 윤리경영**
161	포스코	고객지향, 도전추구, 실행중시, **인간존중, 윤리준수**
171	LG전자	고객을 위한 가치 창조, 일등 LG, **인간존중의 경영, 정도경영**

나 이러한 윤리경영은 기업이 살아남기 위한 자구책이지 지속 가능한 이윤 창출을 하는 데는 부족하다. 그렇다 보니 한국 기업들의 사회책임 활동은 많은 경우 생존에 필요한 가장 기본적인 윤리경영만을 강조해 기업의 이윤 창출을 도모하는 사회책임 활동을 펼치기보다는 사회의 여론에 등 떠밀려 일시적이고 단발적인 '사회지출' 형태로 하게 되는 경향이 있다.

그러나 선진국의 기업들은 지역경제 활성화, 새로운 에너지 및 청정에너지 개발, 삶의 질 향상에 도움을 주는 사회책임 활동을 통해 기업을 지속 가능하게 해주는 이윤을 창출해나가고 있다. 윤리경영을 기본으로 하되 보다 적극적인 친사회적 경영을 통해 지속적으로 이윤을 창출하기 위한 기회를 마련하고 있는 것이다.

예를 들면 최근 환경문제를 직시한 많은 기업은 이를 피하기보다는 해결해나가는 전략을 펼치고 있다. 윤리적인 경영 활동을 하는 동시에 환경문제를 해결하는 사회책임 활동을 통해 기업의 새로운 이윤 창출의 기회를 만들어내는 것이다. [표 2-1]에서 보다시피 로열더치셸은 새로운 청정 에너지를 개발함으로써 환경문제를 해결하는 사회책임 활동을 펼치고 있을 뿐 아니라 기업의 새로운 경쟁력 원천을 찾아 남들과 차별화된 이윤 창출을 하고 있다. 월마트 또한 낙후된 지역사회의 발전을 도모하는 사회책임 활동을 펼치는 동시에 이를 통한 가격경쟁력을 창출해내고 있으며 이는 사회 전체적으로 봤을 때 경제를 활성화하는 결과를 가져온다.

이제 기업은 나쁜 일을 저지르지 않는 윤리경영에서 한발 더 나아가 일반적인 상식 선에서 좀 더 옳은 일을 적극적으로 펼쳐나갈 때 사회적 문제를 해결하고 기업의 이익을 높일 수 있을 것이다. 또한 윤리경영을 당연한 것으로 받아들인다면 기업의 윤리라는 것을 기업 활동으로 인해 빚어진 사회적 피해를 해결하는 정도로만 여기지 않게 될 것이다. 오히려 기업의 경쟁력을 높일 수 있는 사회책임 활동을 통해 기업과 사회 간의 불편한 관계가 개선되고, 이를 넘어 기업의 생산과 소비에 관련된 모든 이해관계자가 동반 성장하는 기반을 마련할 수 있을 것이다.

제로섬 게임이 아니라
윈윈 게임이다

"경제가 문제다" "세계적인 경제 위기가 닥쳤다"라는 식으로 경제라는 단어는 우리 삶에서 매우 익숙하다. 그러나 많은 사람은 '경제'가 정확히 무엇을 뜻하는 것인지 잘 알지 못한다. 당신은 누군가가 "경제가 무엇입니까" 하고 물었을 때 어떻게 대답할 것인가?

사전적 의미로 경제經濟는 '인간의 생활에 필요한 재화나 용역을 생산, 분배, 소비하는 모든 활동' 또는 '그것을 통해 이루어지는 사회적 관계'를 의미한다. 즉, '경제가 좋다'라는 의미는 재화나 용역을 잘 생산하고, 잘 분배하며, 잘 소비해 이익을 남기는 것을 의미하거나 또는 이를 통해 이루어지는 사회적 관계가 매우 원활하다는 것을 뜻한다. 사전적 의미로 미루어 해석해보면 경제활동의 주체 중 하나인 기업은 생산, 분배, 소비 가운데 '생산'을 담당하고 있으며, 동시에 이를 통해 사회적 관계가 원활하게 이루어지게 하는 역할도 맡고 있다.

우리가 눈여겨보아야 할 것은 '경제'가 단순한 특정 활동을 지칭하는 것이 아니라, 그것을 통한 '사회적 관계' 역시 포함하고 있다는 것이다. 그러나 오늘날 많은 기업은 기업의 '생산'이라는 활동에만 초점을 맞춘 채 '사회와의 관계'는 놓치는 경우가 많다.

미국의 경제학자 밀턴 프리드먼Milton Friedman도 기업의 사회적 책임에 대해 언급하며 이러한 실수를 범했다. '기업의 사회적 책임'이라는 용어가 최근 몇 년 전부터 언급된 것 같지만, 사실 이것은 몇 십 년 전부터 논쟁의 대상이었다. 프리드먼은 1970년 〈뉴욕 타임스 매거진New York Times Magazine〉에서 "자유경쟁 체제의 규칙만 지킨다면 기업의 사회적 책임은 기업의 이윤을 증가시키는 것이다."[17]라고 주장하며 기업의 사회적 책임은 이윤 창출뿐이라고 못을 박았다. 만약 이익이 떨어지면 주주의 돈을, 제품 가격이 올라가면 소비자의 돈을, 근로자의 임금이 떨어지면 근로자의 돈을 경영자가 쓰게 되는 것이기 때문에 경영자는 기업의 목적만을 위해 최선을 다해야 한다는 것이다.

그가 그렇게 단호하게 말할 수 있었던 것은 기업의 이익과 사회의 이익이 별개로 분리되는 것이라 가정했기 때문이다. 하지만 기업과 사회는 서로 분리되는 관계가 아니다. 기업은 사회를 떠나 존재할 수 없고 사회는 기업 없이 존속할 수 없는 것이 오늘날의 현실이다. 그럼에도 불구하고 프리드먼은 기업과 사회의 긴밀한 관계를 간과했고, 그로 인해 기업이 실현할 수 있는 많은 사회적 책임 중에 '이윤 창출'이라는 1차적인 책임에만 집중하게 된 것이다.

기업뿐만 아니라 사회 역시 기업과 사회의 긴밀한 관계에 대해 명확히 인지하고 있다. 따라서 '기업은 좋은 제품만 잘 만들어 팔면 된다'는 사고방식은 이제 구시대의 유물이 되었다. 기업에 좋은 제품이나 일자리를 바랐던 과거와 달리 기업을 향한 사회의 기대는 점점 커지고 있기 때문이다.

2000년대 이후로 기업은 사회적 책임에 대해 부쩍 큰 관심을 보이며 나름의 노력을 기울이고 있다. 그럼에도 불구하고 현재 기업을 바라보는 사회의 시선은 매우 날카로운 것이 현실이다. 사회는 기업이 환경, 사회, 지배 구조 등의 문제에도 관심을 기울여주길 원한다. 특히 큰돈을 버는 '잘나가는' 기업일수록 책임의식을 갖고 사회와 함께 고민해주기를 바란다. 아마도 프리드먼은 기업의 사회적 책임CSR이 이렇게까지 논의되고 발전하리라고는 예상하지 못했을 것이다.

기업이 이러한 사회의 기대에 부응하지 못했을 때 사회의 반응은 적극적이며, 때로는 참여적이기까지 하다. 사회는 기업을 향해 "나는 실망했습니다" 또는 "나는 당신들을 지지합니다"라고 적극적으로 표현한다. 심지어 소비자가 앞장서서 사회적인 니즈를 해결해달라며 기업에 요구하거나 항의하는 일도 일어나고 있다.

그러므로 예전에는 사회공헌을 실천하는 몇몇 기업이 기업들 사이에서 앞서가는 특별한 우등생 대접을 받았지만 지금은 상황이 달라지고 있다. 앞으로는 기업들이 사회적 책임에 무심할 경우 그 이유만으로도 시대의 흐름을 따라가지 못하는 열등생, 아니면 거의 낙제생 정도로 취급을 받게 될지도 모른다. 이제 기업은 오로지 '이윤 창출'에만 초점을 맞추지 않는다. 기업이 수행해야 하는 사회적 책임에 점점 더 우선순위를 두며 보다 적극적으로 참여하고 있다.

기업과 사회의 선순환 관계

요즘 기업들은 프리드먼의 관점과는 달리 기업과 사회가 분리된 것이 아니라 서로 긴밀한 관계에 있다고 인식한다. 하지만 그렇다고 해서 기업들이 사회와의 관계를 '협조적'인 것으로 바라보고 있는 것은 아니다. '한쪽이 이익을 얻으면 다른 한쪽은 꼭 손해를 본다'는 제로섬 관계를 바탕으로 한 프리드먼의 주장이 여전히 영향을 끼치고 있기 때문이다.

기업과 사회를 제로섬 관계로 바라보는 기업은 각자의 목적 때문에 사회적 책임을 수행하고는 있지만, 그 기저에는 '기업은 손해를 감수하고 사회공헌을 해야 한다'는 생각이 깔려 있다. 앞서 이야기한 경제의 사전적 의미를 빌려 설명하자면 오늘날 많은 기업이 '사회적 관계'를 배제한 채, 재화나 용역의 '생산'이라는 특정 활동에만 중점을 두고 있다는 것이다.

이러한 관점은 마이클 포터 교수가 지적한 바 있다. 마이클 포터는 여러 차례에 걸쳐 기업의 사회적 책임에 대한 이론을 발전시켜오고 있다. 마크 크레이머와 함께 저술한 최근의 글에서는 프리드먼이 기본적으로 사회와 기업을, 그리고 각각의 목적을 별도로 나누어 보았기 때문에 잘못된 관점을 가지게 되었다고 주장했다. 마이클 포터와 마크 크레이머에 따르면 사회와 기업은 단순히 함께 존재하는 관계가 아니라 서로 이득이 될 수 있는 관계다.

쉽게 예를 들어보자. 기업의 생산에 관여하는 인력을 제공하는 것은 사회고, 기업이 생산하는 물품을 소비하는 것 역시 사회를 이루는 소비자다. 기업이 사회에 의미 있는 공헌 활동을 한다면 이로 인해 소비자는 기업의 이미지가 좋은 제품을 우선적으로 구매할 것이며, 기업의 사회적 책임에 힘입어 건강해진 사회는 좋은 노동력을 기업에 제공할 수 있을 것이다.

기업과 사회가 긴밀하게 연계된 상황에서 기업이 사회적 책임 활동을 효율적으로 벌이면, 사회는 그 덕분에 혜택을 누릴 뿐만 아니라 더 나아가 새로운 이익을 창출할 수 있게 된다. 그렇게 발생된 사회의 이익은 다시 기업에 영향을 미쳐 기업이 득을 보게 된다. 기업과 사회 모두 이익이 쌓여가는 선순환 고리가 형성되는 것이다.

기업이 일반적인 경영 전략을 수립할 때와 마찬가지로 사회책임경영 전략을 잘 수립하면 기존의 '제로섬 게임'을 '원윈 게임'으로 바꿀 수 있다. 즉 기업이 행동을 취하면(inside-out) 사회가 이에 대한 보상을 주는(outside-in) 식의 원윈 게임이 성립한다.

전략적이고 창의적인 기업의 사회책임 활동은 단순히 기업과 수혜자에게만 혜택을 주는 것으로 끝나지 않는다. 거기서 더 나아가 기업과 수혜자를 감싸고 있는 사회에도 긍정적인 영향을 끼치게 되며, 이 영향은 기업에 다시 긍정적인 영향을 주게 된다. 이렇듯 스마트 기업의

| 그림 2-5 | **CSO를 통한 기업과 사회의 선순환 작용**

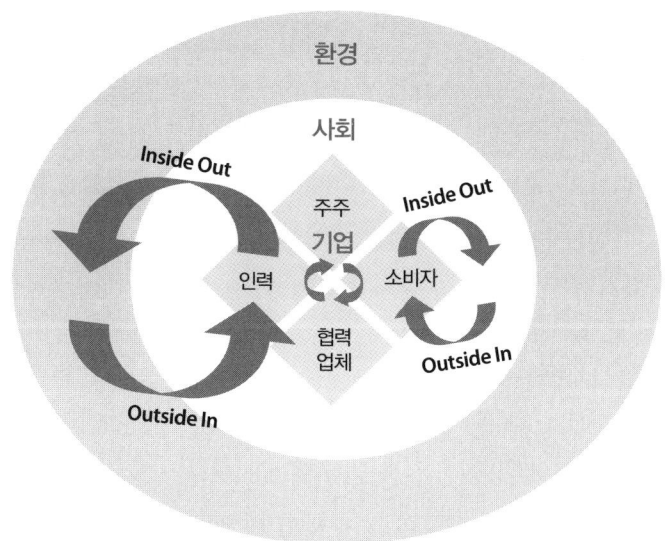

사회공헌을 통해 기업과 사회는 선善작용의 순환고리 안에 들어갈 수 있고, 사회 전체의 가치도 축적된다([그림 2-5] 참고).

마이클 포터와 크레이머는 이러한 선순환 관계에서 기업은 특별히 경쟁력과 관련된 분야competitive context에서 혜택을 보게 된다고 주장했다. 구체적으로 기업들은 기업의 사회적 책임 활동을 통해 경영 환경의 질을 개선할 수 있으며, 경영이 이루어지는 지역의 환경도 이에 따라 개선될 수 있기 때문이다. 이처럼 기업의 사회적 책임은 곧 기업에도 혜택으로 돌아오기 때문에 기업이 보다 효율적인 전략을 세워서 사회공헌을 실현한다면 기업은 물론 사회까지 더 큰 이익을 누릴 수 있게 된다. 단지 해당 기업과 혜택을 직접 받는 특정 사회 부문만이 아니라 사회 전체에도 광범위한 영향을 끼쳐 사회를 한 차원 더 높여주는 새로운 사회적 자본을 창출할 수도 있다.

프리드먼은 기업과 사회가 분리되었다고 보았을 뿐만 아니라 기업의 사회적 책임이 자유 시장의 근본 원리와 상반된다고 주장했다. 기업의 사회적 책임 활동은 결국 제로섬 게임이라는 것이다. 그러나 오늘날 소수의 몇몇 기업은 사회적 책임 활동을 제로섬 게임이 아닌 윈윈 게임으로 바라보며, 기업의 사회적 책임 활동을 통해 사회적 책임과 이윤을 동시에 추구하려는 움직임을 보이고 있다. 그들은 기업의 사회적 책임 활동을 마케팅 또는 기업의 생산과정과 결합해 기업의 단순한 사회책임에 머무르지 않고 한 걸음 더 나아가 기업의 수익 창출 기회로 삼으려 한다. 이는 프리드먼의 주장과 달리 자유 시장의 근본 원리와 부합하는 것이며 기업과 사회는 상충된다는 인식에서 비롯되는 문제를 해결한 것이기도 하다.

제로섬zero-sum

사회가 빠르게 변화하면서 기업은 기업의 사회책임 활동을 실천해야 할 필요성도 느끼게 되었고, 이에 각종 사회적 책임 활동을 실시하게 된다. 그러나 아직도 기업에 있어 '기업의 사회책임 활동'이란 마이너스로 기록되는 지출일 뿐이다. 사람들은 기업이 손해를 감수하며 기업의 사회책임 활동을 이행할 때 사회가 혜택을 누린다고 인지한다. 즉, 기업과 사회의 관계를 제로섬 게임으로 바라본다.

원원win-win

기업과 사회는 더 이상 배타적인 관계가 아니다. 기업의 사회적 책임 활동을 통해 사회만 혜택을 누리는 것이 아니라 기업 역시 혜택을 누릴 수 있다. 따라서 기업은 사회책임 활동에 보다 전략적으로 접근하게 된다.

이제 '기업의 사회적 책임'은 제로섬 게임에서 윈원 게임으로 발전해야 한다. 앞서 언급했듯 기업과 사회는 서로 적대적인 관계가 아니다. 오히려 경쟁력을 위해 서로 윈윈 하는 기업의 사회적 책임 활동은 기존의 사회책임 활동이 가지고 있는 기업과 사회의 불편한 관계를 해소한다. 기업 활동으로 인해 분명 사회적 문제가 해결됨과 동시에 기업이 이익을 얻을 수 있기 때문이다.

더 나아가 윈원 게임으로서의 기업의 사회적 책임 활동은 사회에 보다 큰 도움이 된다. 프리드먼은 애초에 기업의 기부 활동이 개인의 기부 활동에 비해서 그 효과가 크지 않다고 가정했다.[18] 그는 기업의 사회적 책임 활동으로 기업들이 기부금을 조금씩 여러 곳에 단기간 특별한 목적 없이 사용했을 경우 이는 개인의 기부 활동에 비해서 그 효과가 크지 않으며 낭비가 될 수 있다고 주장했다. 그러나 마이클 포터와 마크 크레이머는 기업의 사회책임 활동이 규모의 경제와 목적성을 가지고 집중력 있게 장기간 지속되면 개인, 기부재단, 경우에 따라서는 정부의 사회공헌 활동보다도 더 많은 사회적 이익을 만들어낼 수 있다고 주장한다.[19]

기업이 사회의 일부임을 자각한다면 탐욕에 눈이 멀어 횡포를 부리는 일은 더 이상 없을 것이다. 기업이 사회를 원원 하는 관계로 인식한다면 기업의 사회적 책임은 '사회를 위한 일방적인 희생'이며 소비자의 무분별한 요구 때문에 수행하는 것이라는 관점을 넘어설 수 있게 된다. 자신들로 인해 빚어진 사회적 피해를 해결하기만 하면 그만이라는 식으로 사회참여 사업에 나서는 것이 아니라, 사회의 다른 주체들과 적극적인 협력을 통해 효율적인 방법을 찾아나갈 것이다.

단순한 이익 재분배를 넘어서

앞에서 프리드먼의 개념과 마이클 포터와 마크 크레이머의 개념 차이를 설명했다면 이제는 마이클 포터와 크레이머가 말하는 기업의 사회공헌 활동을 윈윈 게임으로 이끌어가는 두 가지 전략에 대해서 살펴보도록 하자. 이들은 먼저 기업의 사회적 책임 활동을 선한 시민으로서의 역할만 하는 '반응적responsive CSR'과 보다 적극적인 차원의 '전략적strategic CSR'로 설명했다.[20]

반응적 CSR은 기업 활동으로부터 발생하는 것 중 사회에 해를 줄 수 있는 부정적인 면을 최소화하면서 사회의 '선한 시민good citizen'의 책임을 지고 행동하는 행위를 말한다. 필요에 따라 금전적인 기부를 하고 시간을 내서 사회봉사에 나서기도 한다. 기업 종사자들은 이러한 자신들의 행동에 대해 매우 흐뭇하게 생각한다.

이와는 달리 전략적 CSR은 기업과 사회의 관계를 윈윈 게임으로 본다. 즉 기업의 이윤을 높이면서 사회에도 공헌할 수 있는 활동이 기업의 진정한 사회적 책임 활동이라고 생각한다. 전략이란 최소 투입input으로 최대 결과output를 만들어내는 기법이다. 기업은 본질적으로 가치 창출을 극대화해서 사회에 기여하는 조직이므로 투입뿐 아니라 결과를 고려해야 한다. 이 결과가 사회 및 기업에 모두 큰 도움이 되어야 한다는 주장이다.

일부에서는 기업의 이익을 높이면서 사회에 공헌하는 것을 넘어서서 기업의 적극적인 이윤 추구 활동으로 얻은 이윤을 사회 또는 다른 기업들과 나누자고 주장하기도 한다. 그러나 마이클 포터와 마크 크레이머는 2011년 논문에서 이와 같은 주장은 옳지 않다고 선언했다.[21] 그들은 일단 사회적으로 공유되는 가치는 개인의 것이 아님을 확실하게 언급했으며 이러한 '공유 가치shared value'는 기업에 의해 이미 창출된 가치를 재분배하는 것이 아니라 경제적 사회적 가치의 전체 풀pool을 확장하는 것이라고 했다. 쉽게 말하면 경영에서의 상생 협력이란 이익의 결과를 공유하는 것이 아니라 서로 협력해서 모두에게 도움이 될 수 있는 더 큰 이익을 만들어내는 것이다.

가령 원두에 관한 공정무역은 기업이 더 많은 돈을 지불함으로써 제3국가에 있는 가난한 농부들에게 더 많은 수입을 돌려주는 방식을 취하고 있다. 의도는 매우 좋지만 공정무역은 가치를 확장하기보다는 (소비자 또는 원료 판매자로부터 얻은) 기업 이익의 재분배에 관한 것이 대부분이다.

만약 이를 다 같이 이득을 얻는 윈윈 게임의 개념에서 본다면 농부들이 더욱 효율적으로 커피콩을 생산할 수 있도록 도와주는 새로운 기술, 커피 농사에 관련된 시설이나 기관을 강화하는 방법 등으로 해결하는 것이 더욱 효과적일 것이다. 결과적으로 이러한 방식의 기업의 사회적 책임 활동은 원두를 파는 농부나 이를 구매하는 회사, 그리고 최종적으로 커피의 소비자 모두의 이익을 증대시키는 효과를 가져올 것이다.

마이크로소프트의 똑똑한 선택

앞에서 소개한 마이크로소프트의 대학 지원 프로젝트를 기억하는가? 그 예시를 통해 우리는 빌 게이츠가 '이윤 창출'이라는 기업의 본질을 '기업의 사회적 책임 활동'과 접목한 것을 발견했다. '기업의 사회적 책임 활동'을 바라보는 빌 게이츠의 독특하고 전략적인 접근은 2008년 1월 스위스의 다보스 포럼에서 진행된 그의 연설에서 다시 한번 확인할 수 있다. 그는 기존의 자본주의에서 한발 더 나아가 부富를 소유한 자와 소유하지 않은 자가 함께 잘살 수 있게 하는 새로운 체제가 필요하다고 주장했다.

"세상은 점점 더 좋아지고 있지만 충분히 빠르게 좋아지고 있지는 않습니다. 세상의 모든 사람에게 좋아지고 있는 것은 더더욱 아닙니다. 세상의 위대한 진보는 때때로 세상의 불평등을 심화시키기도 했습니다. 가장 덜 필요한 사람이 가장 큰 진보의 혜택을 누렸고, 가장 많이 필요한 사람들은 가장 적은 혜택을 누렸습니다. […] 우리는 부유한 사람뿐만 아니라 가난한 사람을 위한 자본주의를 어떻게 실현할 수 있을지, 그 방안을 찾아야 합니다. […]

우리에게 주어진 과제는 '이익'이나 '사회적 인정' 등을 포함한 시장의 인센티브를 통해 사회의 변화를 이끌어내는 시스템을 설계하는 것입니다. 정부, 기업, 비영리단체가 서로 협력해 시장의 영향력이 미치는 범위를 확장함으로써 세상의 불평등을 완화하고, 동시에 보다 더 많은 사람이 이익을 창출하고 사회적으로도 인정받을 수 있는 새로운 시스템이 필요합니다. 저는 이 새로운 시스템을 창조적 자본주의 Creative Capitalism라고 부르고 싶습니다."[22]

빌 게이츠가 새롭게 탄생시킨 '창조적 자본주의'라는 용어는 '개인'이 아닌 '사회'의 입장을 대변한다는 점에서 애덤 스미스의 《도덕감정론》과 일맥상통한다. 동시에 《국부론》의 주요 내용인 '개인의 이익을 추구하라'는 애덤 스미스의 주장에서 한층 향상된 개념이라고도 볼 수 있다. 요약하자면 빌 게이츠는 개인의 이익을 추구할 때 자연스레 따라올 사회의 이익을 기대하는 것으로 그치지 말고, 좀 더 적극적으로 서로 협력해 기업의 이익을 창출하면서도 사회의 이익도 함께 창출하는 윈윈 게임을 하자고 주장한 것이다.

이처럼 '기업의 사회적 책임 활동'을 단순한 사회적 책임이 아닌 기업과 사회의 이익을 함께 창출할 수 있는 윈윈 게임으로 바라본다는 것은 빌 게이츠의 연설에서 발견할 수 있는 가장 핵심적이며 신선한 시사점이다. 기업의 사회적 책임은 기업이 사회에 '무조건적으로 퍼주는' 활동이라는 고정관념에서 벗어나, 기업과 사회의 이익을 함께 추구하는 활동이라는 새로운 관점이 제시되었기 때문이다. 따라서 이는 기업의 이익에 상관없이 사회의 눈초리 또는 자기만족에서 비롯된 기존의 사회적 책임보다 한 단계 더 나아간 진화된 개념이라고 보아야 할 것이다.

이해를 돕기 위해 일반적인 기업의 사회적 책임 활동과 창조적 자본주의를 바탕으로 한 기업의 사회적 책임 활동을 비교해보고자 한다. 서두에서 언급한 마이크로소프트의 IT 인력 양성 프로그램 사례를 두고 많은 사람은 이 활동이 미국 사회에 미친 긍정적인 영향과 이로 인해 마이크로소프트가 얻었을 명성에만 관심을 가진다. 그러나 마이크로소프트와 비슷한 사회적 책임 활동을 펼쳤지만 조금은 다른 결과를 얻은 GE의 고등학교 지원 프로그램 사례를 비교한다면, 마이크로소프트 사례 이면에 매우 중요한 전략적 시사점이 있음을 알 수 있다.[23]

GE는 자사가 사업을 벌이는 도시들에 소재하는 고등학교 중에서 학생들의 출석률, 졸업률, 성적 및 행정적인 절차 등에 문제가 있는 여러 공립 고등학교를 선택해 매년 100만 달러씩 5년간 지원하는 프로그램을 시행한 적이 있다. 또한 GE의 임원 및 종업원들이 해당 학교에 가서 필요한 사항들을 구체적으로 파악하고 학교 직원 및 학생들에게 카운슬링을 해주는 등 적극적인 봉사 활동도 펼쳤다. 결과적으로 해당

학교의 행정 및 학생들의 학업 성과가 크게 향상되었으며, 봉사 활동을 한다는 사실 자체와 그 성과에 대해 회사와 종업원 모두가 대단한 자부심을 느꼈다. 그러나 GE라는 기업의 측면에서 보았을 때 이러한 성과는 GE의 실질적인 이익에는 별 도움이 되지 못했다.

이와 달리 마이크로소프트의 경우, 자사의 인력난 해소와 효과적인 사회사업이라는 두 마리의 토끼를 한 번에 잡았다. GE의 사회공헌 활동이 직원들의 기쁘고 뿌듯한 마음으로 끝난 것과는 달리 마이크로소프트는 사회의 발전은 물론 기업의 발전을 함께 얻은 윈윈 게임을 실현한 것이다.

마이크로소프트와 GE가 사회공헌 활동으로 학교를 도와주었다는 사실은 매우 비슷하다. 그러나 그 결과는 달랐다. 먼저 마이크로소프트는 여러 사회문제 중 자사가 가장 잘할 수 있고 밀접하게 관련되어 있는 문제를 정확히 짚어냈고, 이를 해결하기 위해 사회책임 활동을 전략적으로 활용하고자 했다. 만약 마이크로소프트가 자체 교육기관을 설립해 자사에 필요한 IT 기술자를 길러내는 데만 주력했다면 시

| 표 2-2 | 마이크로소프트와 GE의 사회공헌 활동 비교

	마이크로소프트 사례	GE 사례
명칭	IT 인력 양성 프로그램	고등학교 지원 프로그램
대상	전문대학교	직접 선택한 여러 고등학교
분야	관련 분야	비관련 분야
봉사 활동	임직원이 직접 기술교육	임직원이 직접 봉사 활동
결과	모두 만족, IT 인력 확보, 수혜자 자립	모두 만족

설 확보와 교수 채용만으로도 훨씬 더 많은 비용이 들었을 것이다. 그러한 잠재비용을 따져보았을 때 전문대학을 지원함으로써 인력관리에 대한 비용을 절감할 수 있었고, 결과적으로 사회적인 측면과 기업적인 측면 양쪽에서 이익을 얻었다. 마이크로소프트와 GE의 사회공헌 활동에 대한 전략적 차이와 시사점을 비교해 보면 [표 2-2]와 같다.*

원원 게임을 실현한 다른 기업의 사례를 살펴보자. 오래되거나 망가진 전자제품은 처치 곤란일 때가 많다. 부피가 커서 버리는 것도 신경이 쓰일 뿐만 아니라 심하게 부서진 채로 방치된 전자제품은 인체에 유해한 중금속을 배출할 수도 있다. 이러한 문제를 인지한 전자제품 판매업체인 베스트바이Best Buy는 미국 전역에서 중고 전자제품 수거 활동을 벌였다. 베스트바이는 특정한 날을 정해 더 이상 사용하지 않거나 고장 난 텔레비전, 오디오, 컴퓨터, 냉장고 등의 전자제품을 베스트바이 매장에 폐기하도록 권장했다. 또한 이러한 활동을 효율적으로 하기 위해 지역별 행정기관, 쓰레기 처리업체 등과 제휴하기도 했다.

이를 통해 베스트바이는 중고 전자제품을 버리려는 사람들을 자사 매장으로 불러들일 수 있었다. 그들에게 새로운 제품 구매를 유도하면서 자연스럽게 매출이 증가했다. 고객들은 무료 또는 저렴한 가격으로 중고 전자제품을 처리할 수 있는 혜택을 보았다. 이는 베스트바이에 대한 긍정적인 이미지를 심어주는 계기가 되었고 환경오염을 줄이는

---

* 이는 마이크로소프트의 IT 인력 양성 프로그램과 GE의 고등학교 지원 프로그램에 관한 비교일 뿐 이 사례가 두 회사의 전반적인 사회책임 활동을 대표하는 것은 아니다. GE는 친환경 녹색성장 전략인 '에코매지네이션(Ecomagination)'을 전사적으로 추진해 2009년에만 180억 달러(약 21조 원)의 매출을 올린 바 있다.

효과까지 낳았다.

미국의 구명조끼 제조업체인 머스탱Mustang Survival Life Vest은 한동안 어린이 구명조끼 부문의 시장점유율을 높이기 위해 고심했다. 그러던 중 워싱턴 주립아동병원에서 벌이는 '어린이 익사 예방 캠페인'의 스폰서 요청을 받아들였다. 머스탱은 '어린이 익사 예방 캠페인'을 위한 광고, 교육 자료 등을 자사의 로고를 넣어 만들어 구명조끼와 함께 기증했다. 또한 해변이나 수영장에서 어린이들이 반드시 구명조끼를 입도록 권장했고, 부모들을 대상으로 자녀를 위한 물놀이 안전교육을 실시했다. 그 결과 어린이의 안전사고율이 급격히 줄어들었다. 이러한 캠페인을 진행한 지 약 1년 후 머스탱의 어린이 구명조끼의 판매율은 25% 정도 상승했다.

1990년대 미국과 캐나다에서는 아기들이 엎드려 자다가 사망에 이르는 유아급사증후군 비율을 줄이기 위해 '아기 바로 뉘어 재우기Back to Sleep' 캠페인이 벌어졌다. 이때 팸퍼스Pampers 아기 기저귀로 유명한 P&G가 이 캠페인에 적극적으로 뛰어들었다. P&G는 아기가 바로 누어서 잠자는 모습을 형상화한 로고를 만들어 자사 제품에 부착하고 이를 영어, 불어, 스페인어로 표기해 다양한 언어권의 사람들이 혜택을 볼 수 있도록 했다. 또한 이에 관한 팸플릿을 만들어 각 소아과에 보급했다. 이러한 적극적인 활동을 펼친 결과 북미에서 유아급사증후군으로 인한 사망률이 급격히 줄었으며, 캠페인을 통해 제품명이 많이 노출된 팸퍼스는 놀라운 판매 성장률을 기록했다.

앞에서 언급한 사례들은 기업의 이익과 사회의 이익을 함께 도모한 성공 전략을 보여준다. 이들 기업의 공통점은 자사가 전문적으로 다루는 분야와 직접적으로 관련이 있고, 가장 잘할 수 있는 분야에서 문제점을 찾았다는 것이다. 그리고 이들은 경쟁업체가 관심을 기울이지 못한 사회공헌 활동에 뛰어들었다. 마지막으로 이들은 자사의 이익을 염두에 두면서 사회의 이익도 함께 고려해 윈윈 게임의 결과를 만들어냈다. 이러한 사례는 다른 여러 산업 분야에도 적용될 수 있다.

● 사회공헌 활동을 열심히 하지만 이익을 많이 내지 못하고 때로는 손해까지 감수하는 기업은 착한 기업이다. 사회적 이익을 등한시하고 자사의 이익만 추구하는 기업은 시대에 뒤떨어진 이기적 기업이다. 사회는 물론 스스로를 위해서도 무엇을 해야 하는지 모르는 기업은 멍청한 기업이다. 착한 기업은 윤리경영을 토대로 하지만 그것만으로는 부족하다. 사람들에게 박수를 받을 수는 있어도 기업의 지속가능성이 위협받을 수 있기 때문이다.

이제는 스마트 기업이다

기업의 사회적 책임을 다하면서 이익도 많이 내는 '스마트 기업'이 가장 이상적이다. 사회적 가치와 기업의 이익을 동시에 창출하는 것이 바람직한 방향이다. 사회에 보탬을 주되 기업에도 득이 될 수 있도록 전략적으로 착해야 한다는 의미다. 스마트 기업이 되려면 어떤 전략이 필요한가? 사회적 이익과 경제적 이익을 높이는 데 가장 효과적인 수혜자 혹은 분야를 선택해 자사의 핵심역량과 관련된 곳에 사회책임 활동을 집중해야 한다. 이때 기업은 자사의 이익을 위해 사회적 책임을 수행하는 것에 대해 주저할 필요가 없다. 그 활동 자체가 기업의 경쟁력을 향상시키면서 사회에도 이익을 가져다주기 때문이다.

윤리경영은 당연한 기본

기업의 목적은 '이윤 창출'과 '지속 경영'이다. 물론 이러한 목적을 달성하는 데 있어 기업의 비윤리적인 경영 행태까지 용인한다는 것은 아니다. 기업의 윤리경영은 당연히 지켜야 할 기본이다.

이윤 창출의 개념을 명확히 이해하기 위해서는 기업의 '탐욕'과 구별할 수 있어야 한다. 기본적으로 탐욕은 합리적이지 않다. 탐욕적인 기업은 눈앞의 작은 이익을 추구하느라 '사회적 윤리'를 간과하게 된다. 이 과정에서 기업은 현재의 행동이 장기적인 관점에서 이윤 창출에 독이 될 수 있음을 미처 깨닫지 못한다. 탐욕을 경계하고 법에 어긋나지만 않으면 되는 것 아니냐고 생각하는가? 그렇게 단순하게 생각해서는 안 된다. 기업의 사회적 책임이 중시되면서 오늘날 우리 사회는 법보다도 한 단계 더 높은 도덕적 차원의 잣대로 까다로운 기준을 적용하려 한다는 사실을 명심해야 한다.

기업과 사회의 윈윈 관계

'기업이 사회적 책임을 다하기 위해 기업의 이익을 어느 정도 희생해야 한다.' 이 견해는 잘못됐다. 기업의 사회적 책임의 가장 기본이 되는 전제는 기업과 사회가 서로 배타적인 관계가 아니라는 것이다. 기업과 사회를 대립 관계로 이해하는 접근법으로는 기업이 사회에 부정적인 해악을 끼치지 않아야 할 의무가 있다고 생각한다. 이러한 논리대로라면 기업은 사회적 책임을 수행하는 데 큰 신경을 쓰지 않고, 일정 수준의 돈과 시간만 기부한 후 사회공헌에 힘썼다고 자위할 수 있다. 기업의 사회적 책임을 부담스럽기만 하고 남들 눈 때문에 어쩔 수 없이 해야 하는 의무로 평가 절하하기 쉽다는 뜻이다.

기업은 본질적으로 사회와 분리되어 있지 않다. 기업은 '잃고' 사회는 '얻는' 제로섬 게임이 아니라 기업과 사회에 모두 득이 되는 윈윈 게임으로 거듭날 때 기업의 사회적 책임 활동은 더욱 효율적으로 발전할 수 있다.

어떻게 두 마리 토끼를 동시에 잡을 것인가

기업의 착한 활동은 마땅히 칭찬받을 만하다. 하지만 그것만으로는 기업과 사회의 가치 창출을 극대화하는 데 한계가 있다. 모든 기업이 최우선적으로 사회적 가치를 극대화해야 한다거나 자선 활동을 그만두라는 소리가 아니다. 중소기업이든 대기업이든, 서비스업이든 제조업이든, 기업과 사회의 자원을 사용할 때 기업의 핵심역량을 최대한 활용한다면 사회적 가치를 효율적으로 창출할 수 있다는 이야기를 하려는 것이다.

기업의 본질을 잊어서는 안 된다. 사회책임 활동에 쓰이는 자원과 시간은 모두 기업의 비용이다. 이러한 희소 자원을 사용할 때는 그 이상의 가치를 창출해야만 한다. 이는 단순히 기업이 이익을 추구해야 한다는 것과는 의미가 다르다. 기존의 '나눔' 개념을 중시하다 보면 기업 이익의 희생이 요구될 수 있지만, 기업의 경쟁력을 사회책임 활동에서 찾아내 '나눔'이 아닌 '투자'의 개념으로 접근하면 다른 결과를 얻을 수 있다. 이제 기업의 사회책임 활동은 다른 일반적인 투자 활동과 마찬가지로 정교한 전략을 수립해 미래 지향적으로 시행해나가야 한다.[1] 당장 눈앞에 보이는 작은 성과에 연연할 것이 아니라 미래의 시각에서 현재를 보아야 사회책임경영의 방향을 정립할 수 있다.

우리 기업들이 나름대로 다양한 사회책임 활동을 벌이고 있지만 아쉽게도 여러 면에서 한계를 드러내고 있다. 즉흥적인 발상에 의해 단기적으로 이뤄지는 경우가 많다. 또한 기업이 들이는 노력에 비해 사회가 받는 혜택이 미미할 때도 있다.

착한 기업? 그것도 좋다. 하지만 이제 우리는 '선함'뿐인 착한 기업을 넘어 '똑똑한 지혜'까지 겸비한 스마트 기업으로 거듭나야 한다. 기존의 CSR에서 CSO로, 즉 사회에 대한 '책임'이 자사의 경쟁력을 확보할 수 있는 '기회'가 된다는 생각으로 사회와 기업 모두의 가치를 창출하는 방법을 모색해야 한다. 그러한 견지에서 기업의 사회적 책임 활동을 어떻게 발전시킬 수 있을까?

앞서 논의한 바와 같이 기업은 자선단체가 아니라 기업일 뿐이다. 그러므로 그 답 또한 기업의 본질에서 찾아야 할 것이다. 단도직입적으로 이야기하자면 기업의 사회적 책임 활동을 '이윤 창출'과 연결시켜야 한다. 사회적 가치와 경제적 가치를 동시에 추구한다는 것이 어렵게 느껴질 수 있겠지만 결코 불가능한 일은 아니다. [그림 3-1]과 같이 경쟁 분야, 생산요소, 시장 수요, 관련 분야의 측면에서 네 가지 전략을 단계별로 제시하고자 한다.

첫째, 기업은 자사의 핵심역량을 가장 잘 발휘할 수 있는 사업 분야를 선택한다. 둘째, 핵심 분야와 관련된 생산과정의 가치사슬에서 취약한 부분을 파악해 제품과 서비스 혁신의 계기를 찾는다. 셋째, 고객

| 그림 3-1 | **기업 경쟁력 강화를 위한 CSO의 4단계 전략**

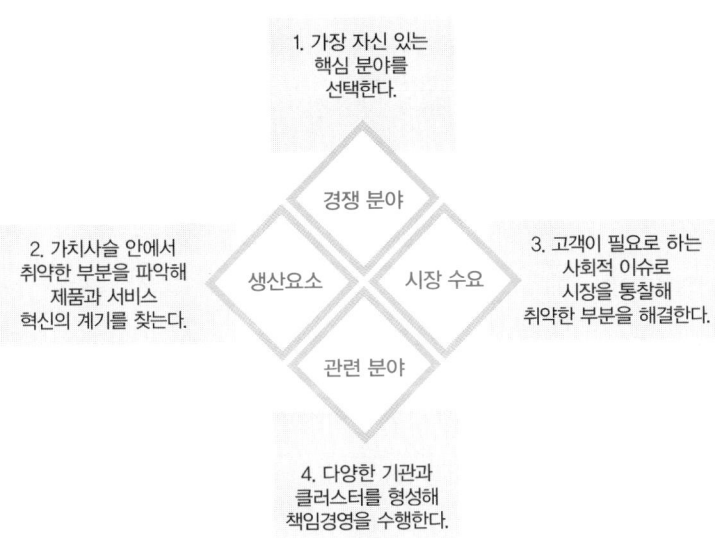

1. 가장 자신 있는
   핵심 분야를
   선택한다.

경쟁 분야

2. 가치사슬 안에서   생산요소   시장 수요   3. 고객이 필요로 하는
취약한 부분을 파악해   사회적 이슈로
제품과 서비스   시장을 통찰해
혁신의 계기를 찾는다.   취약한 부분을 해결한다.

관련 분야

4. 다양한 기관과
   클러스터를 형성해
   책임경영을 수행한다.

이 필요로 하는 사회적 이슈로 시장을 통찰해 사회적 문제를 해결하면서 동시에 취약한 부분을 해결하도록 한다. 마지막으로 혼자 하기보다는 관련 기관과 클러스터를 형성해 책임경영을 수행하면 더욱 큰 효과를 볼 수 있다.

이 내용은 마이클 포터와 마크 크레이머가 2011년 1월 〈하버드 비즈니스 리뷰〉에 기고한 'Creating Shared Value'에서 보여준 방향을 더욱 발전시킨 것이다. 이번 파트 3에서는 다양한 국내외 사례를 바탕으로 기업의 사회적 책임에 대한 구체적인 실천 방법을 찾아보고자 한다.

자신 있는 핵심 분야를 선택한다

졸업을 앞둔 학생들이 필자를 찾아와 상담을 요청할 때가 종종 있다. "교수님, 제가 앞으로 어떤 일을 하면 좋을까요?" "제가 공부를 더 하고 싶은데 구체적으로 어떤 분야를 공부하는 것이 좋을까요?" 고민이 가득한 눈으로 묻는 학생들에게 필자는 항상 이렇게 대답한다.

"자신이 제일 좋아하는 것, 그리고 무엇보다 제일 잘하는 것을 해라."

이는 미래를 준비하는 학생뿐만 아니라 기업에도 적용되는 기준이다. 기업이 새로운 사업이나 프로젝트에 뛰어들 때는 반드시 '이것이 우리가 제일 잘할 수 있는 분야인가?'라는 질문을 던지고 따져봐야 한다. CSO 활동을 할 때도 우리 회사가 잘하는 게 무엇인지, 즉 경쟁우위가 무엇인지부터 살펴야 한다. 업종 특성, 핵심역량, 추구하는 가치에 따라 효율적인 CSO의 방법도 달라질 수 있다.

기업의 사회적 책임이 주목을 받으면서 사회공헌을 위한 전담 부서를 마련하는 기업이 급격히 늘고 있다. 물론 기업의 사회책임 활동에 대한 관심을 구체적으로 구현하는 발전 단계에서 별도의 부서가 필요할 수도 있다. 하지만 그런 부서나 팀을 만들었다고 해서 사회책임 활동을 잘하고 있다고 만족한다면 큰 오산이다. 기업의 사회책임 활동은 여러 가지 사업 활동 중의 하나로 선택할 수 있는 것이 아니며 별도의 부서가 기업 전체의 사회책임 활동을 대표해서 완수할 수 있는 것도 아니기 때문이다. 기업의 사회적 책임에 관한 전략은 일부 부서가 아닌 기업 전체의 전략이 되어야 한다.

경쟁우위와 사회적 이슈, 그 접점을 찾아라

우리 사회에는 해결되지 못한 사회적 니즈와 이슈가 많이 있다. 그리고 기업마다 각기 잘하는 분야가 있다. 아무리 경영 능력이 뛰어난 기업이라도 잘하지도 못하고 관련도 없는 분야에서 사회책임 활동을 수행하면 그 결과가 성공적일 리 없고 기업에게도 별 도움이 되지 않는다. 과거에는 기업들이 경쟁우위와 사회적 이슈를 별개로 생각하는 것이 일반적이었다. 그러나 이제는 기업의 경쟁우위 영역과 사회에서 필요로 하는 부분의 접점을 찾아 사회와 기업의 경쟁력을 동시에 높일 수 있는 전략을 연구해야 한다. 그렇게 하면 해당 업종의 전문성을 토대로 좀 더 효과적인 결과를 기대할 수 있다. 더 나아가 업종 내 기업

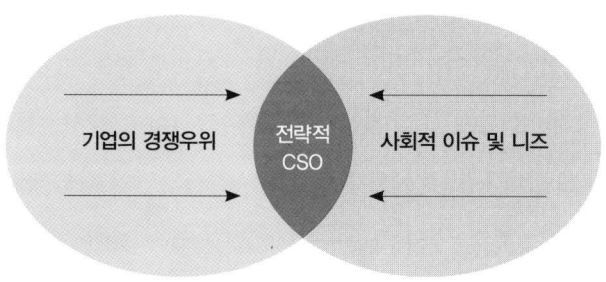

경쟁력도 강화할 수 있다.

이는 곧 전략적 CSO를 실천하게 되는 것이다. [그림 3-2]를 보자. 적절한 접점을 찾으면 기업의 경쟁우위에 도움이 될 뿐 아니라 사회적 이슈도 해결할 수 있다. 이 교집합 영역의 전략적 CSO의 크기가 커지면 커질수록 그만큼 기업과 사회의 접점이 커지게 되고 기업의 사회책임 활동이 사회에 더 많은 영향을 끼치게 된다.

그래픽 디자이너인 마커스 프라이탁Markus Freitag과 다니엘 프라이탁 Daniel Freitag 형제는 자전거로 출퇴근하면서 자주 비를 맞았다. 그럴 때마다 가방이 젖어서 소지품이 엉망이 되고 노트북 같은 휴대용 전자제품들이 고장 나기 일쑤였다.

'비 때문에 자전거를 안 탈 수도 없고 골치 아프네. 비가 와도 젖지 않는 가방은 없나? 오래 써도 끄떡없이 튼튼한 가방, 마음 놓고 노트북을 넣고 다닐 수 있는 가방이 있으면 정말 좋을 텐데.'

이런 생각을 하고 있을 때 마침 옆에서 시끄럽게 지나가는 대형 트럭이 이들 눈에 들어온다. "그래, 저거야! 트럭 덮개! 저 방수 천을 이용해서 가방을 만들어보자." 이들은 일단 트럭 방수덮개를 오려서 가방 모양을 만들고, 자동차 뒷좌석의 벨트를 잘라 가방 끈을 만들어 붙였다. 그리고 예전에 쓰던 자전거 바퀴 튜브를 가방 테두리에 둘러 모양을 냈다.

이렇게 재활용 소재로 만든 가방은 뜨거운 반응을 불러일으키며 마니아 층을 만들어냈다. 프라이탁 형제는 자신들의 성을 따서 '프라이탁'이라는 이름의 회사를 설립하고 컨테이너 박스, 천막 등 온갖 버려진 폐품을 사용해 새로운 가방을 만들어냈다.

프라이탁 가방은 여러 가지 면에서 의미가 있다. 첫째, 악어 가죽이나 희귀 동물의 털을 사용하지 않고 재활용품으로 만든 친환경 제품이라는 점이다. 둘째, 세상에 단 하나뿐인 디자인의 가방, 오직 나만 가지고 있는 제대로 된 빈티지 가방이라는 특성이 있다. 마지막으로 프라이탁 가방은 트렌드를 이끄는 패션 리더의 핫 아이템으로 자리 잡았다. 현재 프라이탁은 전 세계에 350여 개의 매장을 둔 에코디자인계의 명품 브랜드이자 친환경 기업으로 주목받고 있다.

이제 '녹색' '그린' '친환경' 등은 우리 주위에서 흔한 말이 되었다. 기업들 사이에서도 '그린경영'이 선택이 아닌 필수로 통하면서 톡톡 튀는 아이디어로 친환경 소비를 유도하는 회사들이 늘고 있다. 과거에 기업이 환경 파괴의 주범으로 여겨지던 시절과는 사뭇 다른 모습이다. 옛날에는 기업에 의한 환경오염이나 잘못을 수습하기 위한 목적으로 환경 운동과 복구 작업에 힘을 쏟았다면 최근에는 기업들이 기존의 핵심 역량을 강화하거나 새로운 성장 동력을 찾기 위해 환경 사업에 뛰어든다. 환경 사업과 크게 관련돼 있지 않은 기업도 친환경과 자사의 핵심 역량을 연결 지어 환경 사업을 벌이려고 노력한다. 그뿐만 아니라 사회책임 활동과 거리가 멀었던 기업들도 점점 본업과 사회공헌을 연결하려고 하는 추세다. 어느 기업이나 사회에 보탬이 되는 기업, 존경받는 기업을 추구하는 것이다.

그러다 보니 어떤 이들은 이런 질문을 던지기도 한다.

"회사의 이익을 내는 데는 뛰어나지만 사회적 이익을 창출하는 데 주저하는 기업도 윤리적이고 존경받는 기업으로 거듭날 수 있을까? 그런 변화가 가능한 일인가?"

이에 관해서는 네슬레의 사례를 들어보자. 지금은 네슬레가 사회공헌을 잘하는 대표 기업으로 통할 정도로 의젓한 신사 같은 모습을 하고 있지만, 예전에는 거의 '비행 청소년' 수준으로 논란을 일으키기도 했다. 한때 네슬레는 초콜릿 원료인 팜 오일을 구하기 위해 열대 우림을 파괴한다고 해서 여론의 도마에 올랐다. 또한 제3세계 국가에 비위생적인 이유식을 판매한 사실이 밝혀지고 원료 납품업체에 대한 착취 행위와 아동 노동 등의 문제가 잇따라 터지면서 지탄을 받았다.

기업이 손상된 이미지와 신뢰를 회복하려고 할 때는 사회에 거금을 쾌척하거나 경영진이 팔을 걷어붙이고 사회 봉사에 나서는 것이 일반적이다. 하지만 네슬레는 그런 식으로 대처하는 것을 지양했다. 이미 저질러진 잘못을 수습한 다음에는 뼈아픈 실수를 반복하지 않기 위한 창의적인 사회책임 활동을 계획했다. 미국 공정노동협회Fair Labor Association, FLA에 가입해 아동의 노동력 착취 방지를 위해 힘쓰고, 에콰도르 아동의 영양 상태를 향상시키는 프로그램을 실시하고, 유엔난민기구UNHCR와 함께 친환경 프로그램을 진행하는 등 적극적인 노력이 뒤따랐다.[2] 덕분에 네슬레는 일반적인 위기관리 차원의 CSR을 넘어 실질적인 이득을 가져다주는 CSO까지 실천할 수 있었다.

그런데 기업이 운영 과정에서 뭔가 문제의 소지가 있음을 어떤 기준으로 파악할 수 있을까? 가장 비효율적이고 비용이 많이 들어가는 부분을 집중적으로 살피면 되는 걸까? 일반적으로 생각했을 때 옳지 않은 일이라면 문제가 된다. 상식 선에서 윤리에 어긋나는 행위, 외부로 알려지게 되면 창피한 일을 한 경우 그것이 부메랑이 되어 돌아온다.

그러나 여기서 더 나아가야 한다. 윤리적인 잣대나 법적 잣대를 염두에 두고 행동하는 것은 단지 이기적 기업의 이미지를 탈피하기 위한 기본적인 해결 방안일 뿐이다. 좀 더 혁신적인 기업, 존경받을 수 있는 기업으로 도약하기 위해서는 더욱 적극적인 자세로 사회책임 활동에 나서야 한다. 즉 환경문제를 일으킨 다음 뒷수습을 하는 차원이 아니라 환경에 도움이 되는 아이디어를 기업 활동에 연결시킬 때 진정한 혁신을 이뤘다고 평가받을 수 있다.

우리 회사가 속한 업종의 특성은?[3]

그렇다면 기업이 보유한 경쟁우위는 어떻게 파악할 수 있을까? 기본적으로 기업이 속한 업종의 특성에서 찾을 수 있다. 그 특성에 따라 효율적인 CSO 방법이 달라진다. 예를 들어 의료 기기를 취급하는 기업은 헬스케어에 관한 사회공헌에 관심이 많고, 컴퓨터 전문업체는 정보통신 분야에 대한 사회공헌에 관심이 많을 것이다. 해당 산업 내에서 사회적 이슈와 업종 특성이 만나는 부분을 공략하면 기업이 가지고 있는 전문 지식과 기술을 통해 보다 효과적으로 CSO 활동을 할 수 있다. 해당 업종 내에서 기업 경쟁력을 자연스럽게 강화할 수도 있다. 결론은 생소한 분야, 남들도 다 하는 분야가 아니라 자신의 전공 분야에서 승부를 걸어야 한다는 이야기다.

KT의 사례를 통해 성공적인 CSO의 방법을 살펴보자. KT는 유선 전화, 무선과 인터넷을 포함한 다양한 정보통신 융합 서비스를 제공하는 기업으로서 업종 특성상 전문성을 가지고 있는 IT 분야에서 집중적으로 사회책임 활동을 펼치고 있다.

2007년 출범한 KT의 'IT 서포터즈'는 IT 지식 기부를 통해 누구나 정보통신 기술을 자유롭게 활용할 수 있도록 돕는 직원 봉사단이다. 이러한 '재능 기부' 형태의 활동은 지역사회의 니즈와 KT의 업종 경쟁력인 IT 서비스와의 접점을 찾아 기업의 사회적 책임을 수행한 대표적인 사례로 평가받고 있다.[4] KT는 새로운 IT 기기와 관련 기술이 눈부신 속도로 발전하며 우리 삶을 변화시키고 있지만, 경제 발전이 더디거나 교육의 기회가 적은 지역과 일부 계층에서는 정보 활용에 어려움을 겪는 사람이 지속적으로 늘어나고 있다는 점에 주목했다. 그리하여 정보 격차 해소에 대한 사회적 니즈를 타깃으로 삼아 KT만의 경쟁우위를 대입했다. IT 전문 자격증을 지닌 직원들을 중심으로 서포터즈를 구성하고,

연구개발 센터에 전담 지원팀을 만들어 그들을 지원하게 하고 있다.

IT 서포터즈는 실생활에 필요한 공인인증서 및 전자 민원 서류 발급이나 인터넷 뱅킹 등에 관해 무상으로 교육하면서 인터넷 정보 검색, 악성 코드 제거와 같은 기본적인 컴퓨터 사용법을 알려주고 있다. 인터넷 중독 예방, 사이버 범죄 예방 등 인터넷 역기능 예방을 위한 교육도 실시하고 있다. 이를 통해 KT는 잠재적 소비자와 밀접하게 교류할 수 있는 기회를 갖게 됐다. 고객 충성도를 높일 수 있는 계기를 마련한 것이다.

그뿐만 아니라 직원들의 역량이 자연스럽게 향상되는 효과까지 얻었다. IT 서포터즈 프로그램을 통해 직원들이 IT 관련 자격증을 여럿 취득하는 것은 물론이고 인터넷 역기능 예방을 위한 전문 강사들이 매해 육성되고 있다. KT는 이를 직원 교육에도 활용함으로써 별도의 교육 프로그램에 쓰이던 비용을 절감했다. IT 서비스 업종의 특성에 맞게 직원들이 발 빠르게 새로운 IT 지식을 습득하는 한편 고객과의 커뮤니케이션 능력이 향상되는 등 역량 강화에도 큰 도움이 되고 있다.

타이어를 생산하는 일본의 브리지스톤Bridgestone Corporation은 고유 업종의 경쟁우위를 활용한 CSO로 위기를 이겨냈다. 2008년 글로벌 금융위기 이후 다른 경쟁사들과 마찬가지로 브리지스톤도 큰 타격을 받았다. 이에 브리지스톤은 적극적인 경영전략 수정을 통해 위기를 극복하고자 했다. 비용 절감, 재고 삭감 등을 통해 그룹 전체가 가격 경쟁력을 높이기 위해 최선을 다했다. 동시에 불황을 타개할 만한 신사업을 집중 전개했다. 본래 타이어 제조업에서 두각을 나타내던 브리지스톤은 폐타이어에 의한 환경오염에 대해 고민해오던 차에 기존의 경쟁우위를 이용할 수 있는 방법을 찾고자 했다.

폐타이어를 재활용하면 타이어 교체로 인한 폐기물이 줄면서 타이어를 태울 때 발생하는 유해가스를 줄일 수 있다. 게다가 원자재가 절약되기 때문에 적은 비용으로 생산이 가능해 소비자는 한결 저렴한 가격에 타이어를 구입할 수 있게 된다. 브리지스톤은 재생타이어의 수익성과 저가 타이어를 원하는 물류 기업의 수요를 면밀하게 분석했고, 재생타이어 비즈니스가 사회적 니즈를 충족하는 동시에 자사의 어려움을 타개할 신사업 아이템이 될 수 있다고 판단했다. 그 결과 2008년 한 해 동안 일본에서만 50만 개의 재생타이어를 판매할 수 있었다.[5]

고유 업종의 특성을 살린 CSO를 통해 다른 관련 업종으로 진출해 성공한 기업도 있다. 미국의 폐기물 관리 회사인 웨이스트 매니지먼트Waste Management는 자신들이 매년 매립하는 폐기물 가운데 약 90억 달러 상당의 재활용 가능한 자재들이 있다는 사실을 알게 됐다. 폐기물 처리를 맡기는 고객들도 아직 사용할 수 있는 자원을 버리고 있다고 생각하기는 마찬가지였다. 웨이스트 매니지먼트는 자사의 경쟁우위와 재활용에 관한 사회적 이슈의 접점을 발견해냈다.

그리하여 '그린 스쿼드green squad'라는 부서를 만들어 쓰레기에서 새로운 이익과 가치를 만들어내는 활동을 시작했다. 이 부서는 소니 미국 법인과 파트너십을 체결해 매립 처리해오던 전자제품 폐기물 등을 재수거하는 사업을 전개함으로써 쓰레기를 줄이고 새로운 수익을 창출할 수 있었다.[6] 폐기물 처리 업종에서 폐기물을 수거하고 활용하는 사업으로까지 확대 및 성장의 기회를 잡은 것이다. 이처럼 사회적 이슈를 해결하면서 기업의 새로운 경쟁력을 강화해주는 CSO는 어디 멀리 있는 것이 아니다.

'업종 특성을 고려해야 한다고? 그럼 우리 업종에서 생산하는 상품만 어떻게 활용해보면 되겠네!'

업종의 특성을 고려한다고 하면 이렇게 생각하기 쉽다. 그래서 단순히 자사의 상품을 기부하거나 자선 활동과 연결 짓는 경우가 흔하다.

대표적인 것이 '푸드네이션Foodnation'이다. 푸드네이션은 고객이 식품을 소비할 때마다 기금을 후원할 수 있게 하고 기업은 그것을 적립해서 사회에 기부하는 사회공헌 활동이다. 도미노피자Domino Pizza는 2006년부터 도미노 희망 세트 메뉴를 출시해 서울대 어린이병원의 소아 영양 질환 연구와 환자 치료를 돕고자 했다. 이 메뉴가 판매될 때마다 일정액을 적립해 기부금 형식으로 매년 말 병원에 전달한다. 미스터피자Mr. Pizza도 비슷한 활동을 하고 있다. 피자의 판매 금액과 임직원 급여의 일부를 적립해 결식 아동과 아동 복지 단체를 지원하면서 공부방에 피자를 전달하고 아동 복지 단체를 매장에 초청하는 행사도 하고 있다.

한국맥도날드McDonald's도 유엔 지정 '세계 어린이날'을 기념해 전국 매장에서 해피밀세트가 판매될 때마다 일정액을 모아서 어린이 복지재단인 로널드 맥도날드 하우스에 전달해왔다. 이 기금은 한국 어린이들의 건강과 복지를 위한 다양한 프로그램 운영과 어린이병원을 지원하는 데 사용된다.[7] 이와 같은 활동은 패스트푸드 업종에 종사하는 기업이 상품을 이용해 효율적으로 CSO를 실천하는 것처럼 보인다.

물론 업종이 보유한 상품을 활용하는 것이니 기업 입장에서는 비교적 덜 부담스럽기도 하고 효과적일 수 있다. 그러나 이러한 활동은 앞서 언급했던 탐스슈즈의 기부 활동 메커니즘과 별 차이가 없다. 실제로는 기업보다도 소비자가 지불한 금액에서 기부금이 마련되기 때문이다. '푸드네이션에 참여하는 기업은 결국 고객을 통해 좋은 일을 하는 것이다'라는 말이 선뜻 이해가 되지 않을지도 모르겠다. 그러나 경제학적 관점에서 볼 때 세상에 공짜는 없다. 기부금으로 할애하는 일정액은 이미 음식값에 포함되어 있으며 그것을 감안해 가격이 책정된 것이다. 취지가 좋아 보이긴 해도 밑바탕에는 소비자의 금전적 희생이 깔려 있다고 볼 수 있다.

푸드네이션과 같은 사회적 책임 활동은 경쟁우위를 전략적으로 활용한 것이 아니라 단순한 차원의 기부 활동에 지나지 않는다는 점에서 아쉬움이 있다. 기업 입장에서도 특별한 경쟁력 강화의 기회를 얻기가 힘들다.

핵심역량과 미래 가치

업종 특성뿐만 아니라 같은 산업에서도 기업에 따라 각기 다른 방식으로 사회적 이슈와의 접점을 찾기도 한다. 동일한 업종 내에서도 각 기업의 핵심역량은 차별화될 수 있다. 예를 들어 스웨덴의 볼보Volvo는 튼튼하고 안전한 자동차로 유명하다. 반면 일본의 혼다Honda는 연료를 적게 사용하고 배기가스 배출도 적은 고효율 자동차를 잘 만든다. 볼보와 혼다 모두 자사의 우선순위를 둔 분야에 남다른 노력을 하면서 필요할 때마다 관련 분야에 많은 연구 투자와 기부를 해오고 있다. 결과적으로 이러한 노력은 해당 기업의 이윤 창출에도 도움을 준다. 자사에 가장 잘 맞는 분야를 선택하면 기업 이윤도 늘고 사회적 부가가치도 더 많이 창출할 수 있는 셈이다.[8]

이와 같은 개념을 CSO 활동으로 확장시켜보면 자사의 핵심역량을 중심으로 사회적 이슈를 선택해 기업의 이윤과 사회적 가치를 성공적으로 창출해낼 수 있다. 예를 들어 소비재 산업을 살펴보도록 하자. 소비재 산업은 소비자와 직접적으로 접촉하는 업종인 만큼 사회적 이슈에 더욱 민감하다. 전 세계적으로 다국적 기업들이 매출 신장을 위해 치열한 경쟁을 펼치고 있는데 대표적인 기업이 유니레버Unilever와 P&G다. 유니레버는 대표 브랜드인 도브Dove를 보유하고 있고, P&G는 팬틴Pantene, 비달사순Vidal Sassoon, 프링글스Pringles 등을 보유하고 있다. 이들은 기업 브랜드를 넘어서 각각의 제품이 강력한 브랜드 파워를 지니고 있는 것이 특징인데, 이러한 강력한 브랜드 개발의 경쟁력을 활용해 성공적인 CSO 사례를 만들어낼 수 있었다.

유니레버는 구매력이 낮아 소비재 상품을 생산하는 기업들이 진출하기를 꺼리는 인도를 적극 공략했다. 유니레버는 여성과의 원활한 커뮤니케이션 능력과 위생용품 시장에서 인정받은 핵심역량을 통해 인도에서 '파워맘Shakti Amma' 프로젝트를 성공적으로 시행했다.[9] 이 프로젝트는 위생 관련 상품으로부터 출발했다. 다른 소비재 기업들이 본래의 시장에서 판매하던 기존 제품을 그대로 현지에 도입한 것과 달리, 힌두스탄 유니레버는 출시 단계에서부터 인도의 소득 수준과 취약한 유통 시스템을 고려해 현지인들의 사회적 니즈와의 접점을 찾고자 했다. 그에 따라 제품을 개발하고 현지에 맞는 판매 방식을 도입했다.

당시 인도 농촌 지역에서는 영아 사망률 원인 1위로 설사가 꼽힐 정도로 손 씻기 습관이 제대로 정착되지 않고 있었다. 유니레버는 인도의 생활방식에 맞는 값이 싸고 항균 기능이 강화된 라이프부이lifebuoy 비누를 개발하는 한편, 어린이와 어머니를 대상으로 LBSCLifebuoy Swastya Chetna라는 위생 교육 프로그램을 제공하고 방문 교육을 통해 보건위생 캠페인을 벌였다.

이러한 일련의 활동은 점차 큰 효과를 창출했다. 먼저 라이프부이 비누를 사용하는 지역의 영아 사망률이 현저하게 줄어들었다. 이 소문이 퍼지면서 여러 단체와 지역에서 LBSC 프로그램을 요청해왔다. 이 프로그램을 통해 넓은 지역에 흩어져 있는 서로 다른 문화를 가진 사람들이 모이면서 자연스럽게 유통망이 형성되었다. 가격이 저렴하면서도 기능이 좋은 라이프부이는 저소득층 사이에서 돌풍을 일으켰다.

또한 유니레버의 파워맘 프로젝트는 핵심 파트너인 여성들에게 독립심과 자아 존중감을 고취시키는 데 큰 역할을 했다. 인도 여성들은 유니레버의 제품을 구입하기 위해 자치 그룹self-help groups으로부터 돈을 빌려 공동구매를 할 수 있는 조직을 설립했다. 처음에는 단순히 유니레버의 비누를 구매하기 위한 의도에서 시작되었지만, 유니레버는 인도 여성들에게 생계 수단과 비즈니스 교육을 제공함으로써 자립 기반을 마련하도록 도왔다. 이로써 인도 지역사회의 문제를 해결하는 데도 일조했다는 긍정적 평가를 받기도 했다.

한편 P&G는 환경보호에 민감한 선진 서구 시장에서 CSO 활동을 벌여 매출 신장과 경쟁력 강화라는 성과를 거둘 수 있었다. 2005년 P&G는 친환경 세제 아리엘Ariel을 출시했다. 그리고 '30도에 온도를 맞춰주세요Turn to 30℃' 캠페인을 통해 대대적인 제품 마케팅을 벌이기 시작했다. 아리엘은 비교적 낮은 온도에서도 잘 녹기 때문에 빨래가 깨끗하게 된다. 따라서 물 온도를 30도로 낮추면 에너지 사용이 줄어든다는 메시지를 제품을 통해 보여준 것이다. 이에 2007년 미국의 저온 세탁 가구 비율이 17% 증가했으며 아리엘 사용 가구 비율도 27% 상승했다.[10]

또 다른 소비재 업체인 클로락스Clorox도 친환경에 대한 사회적 이슈에 초점을 맞추어 친환경 세제 개발에 집중한 경우다. 클로락스는 2000만 달러를 투입해 3년에 걸친 연구 개발 끝에 친환경 세제인 그린웍스Green works를 출시했다. 일반 세제보다 15% 이상 비싼 이 제품은 환경 단체인 시에라클럽Sierra Club의 친환경 인증 및 판촉 지원까지 얻어 냈다. 결과적으로 클로락스는 그린웍스를 통해 환경오염을 줄이는 사회적 이익을 창출했으며, 동시에 2억 달러 규모의 친환경 세탁 세제 시장에서 40%의 점유율을 달성하는 놀라운 성과를 거뒀다.[11]

이와 같이 소비재라는 한 가지 업종 내에서도 기업과 브랜드마다 서로 다른 핵심역량을 가지고 있기 때문에, 각자가 제일 잘하는 세부 분야와 활동을 중심으로 CSO 활동을 전개할 수 있다. 결과적으로 각 기업들은 과도한 경쟁이 아닌 조화로운 환경에서 나름의 활동을 펼치면서 저마다 큰 효과를 얻을 수도 있다.

　이러한 성공 사례를 보면서 오히려 고민에 휩싸인 독자가 있을지도 모르겠다. '우리 회사는 아직 내세울 만한 특별한 경쟁 요소가 없는데, 그럼 CSO를 포기해야 하는 것인가?' 하고 말이다. 단언컨대 절대 그렇지 않다. 어떠한 기업이라도 CSO를 포기해서는 안 된다. 아직 충분히 성장하지 못한 기업은 향후 추구하고자 하는 가치, 즉 미래의 경쟁우위를 전략적으로 설정해야 한다. 발전 단계에 있는 모든 기업이 다 마찬가지다. 처음부터 경쟁우위를 보유할 수는 없다. 전략은 가격 경쟁력과 차별화라는 두 가지 경쟁우위를 두고 벌이는 고도의 경영 활동이다. 따라서 해당 기업의 발전 단계에 가장 적합한 경쟁우위를 선점하기 위해서는 CSO 활동의 방향도 미래의 경쟁우위에 맞추는 것이 바람직하다. CSO 활동을 통해 사회적 니즈를 해결해가면서 기업의 경쟁우위를 성장시킨다면 앞서 살펴본 기업들처럼 충분히 성공할 수 있고 현재 다소 부족한 부분도 채워갈 수 있다.

　일시적인 사회책임 활동을 산발적으로 벌이면서 사회적 반응에만 신경을 쓴다면, 결코 경쟁우위를 보유한 성공적인 기업이 될 수 없다. 따라서 기업은 생산요소, 시장 수요 등을 고려해 보다 전략적으로 CSO에 접근하도록 해야 한다. 미래 경쟁우위의 원동력이 CSO를 통해 발견되고 발전될 가능성이 크다. 그러므로 기업의 경쟁우위를 살펴볼 때는 업종 특성, 핵심역량, 그리고 추구하고자 하는 미래 가치의 배경을

| 그림 3-3 | **기업의 경쟁우위 배경**

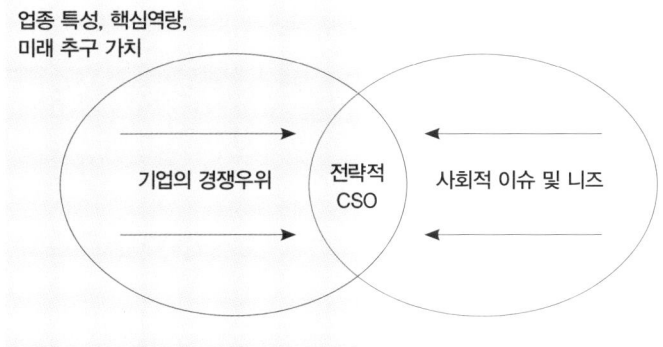

업종 특성, 핵심역량,
미래 추구 가치

기업의 경쟁우위   전략적
CSO   사회적 이슈 및 니즈

면밀히 분석할 수 있어야 한다([그림 3-3] 참고).

　이제까지 우리는 '사회적 이슈 및 니즈'와 '기업의 경쟁우위'의 교집
합을 찾아 전략적 CSO를 펼치는 방법에 대해 살펴보았다. 기업이 둘
사이의 접점을 찾아 사회책임 활동을 펼친다면 사회와 기업 모두에 이
익을 줄 수 있는 스마트 기업으로 거듭나게 될 것이다.

　만약 기업들이 업종 특성을 살려 활발한 CSO 활동을 펼친다면 각
분야의 모든 기업이 연결되어 해결되지 못할 사회적 이슈도 없을 것이
다. 각 기업은 경쟁우위를 강화할 수 있기에 좀 더 다양하고 조화로운
사회가 될 수 있을 것이다. 아무런 계획과 전략 없는 일반적인 사회책
임 활동과 비교했을 때 전문적인 사회책임 활동이 기업의 측면에서나
사회의 측면에서나 훨씬 효과적이며, 이에 따라 사회 전체가 더 큰 이
득을 볼 수 있다.

전략 2

해당 분야의 가치사슬에서
취약한 부분을 파악한다

국내 굴지의 기업 A사의 사회공헌 부서에서 일하는 K팀장. 올 초 A사는 제품의 주요 성분에 대한 소비자들의 항의로 몸살을 앓았다. 몸에 해로운 성분임에도 제대로 표시하지 않고 판매했다며 불매 운동 움직임이 나타났다. 회사가 위기에 처하게 되자 에이스인 K팀장이 나섰다. 적극적인 사회책임 활동으로 실추된 회사의 이미지를 쇄신해보겠다는 것이었다. 그의 주도 아래 A사는 각 부서의 직원들을 모아 2박 3일 봉사 활동을 다녀왔다. 연말에는 불우이웃 돕기에 거액을 기부하기도 했다. 그리고 각종 매체를 통해 공헌 사례에 대한 홍보 활동을 대대적으로 벌였다.

하지만 소비자의 불만은 좀처럼 수그러들지 않았다. 제품이 개선되었는지 신뢰하지 못하겠다는 항의가 끊이지 않았고, 일각에서는 A사의 자선이나 기부 활동은 눈가리개에 불과하다는 비난이 일었다. K팀장은 생각할수록 부아가 치밀고 억울하다는 생각이 들었다.

"아니, 우리가 이렇게 좋은 일도 많이 하고 애쓰고 있는데! 돈 쓰고도 욕먹고 좋은 일 하고도 티가 안 나니, 이걸 어떻게 해야 하나?"

요즘 이런 답답함을 호소하는 기업이 상당히 많다. 보도자료를 보면 국내외 기업을 막론하고 어떤 회사가 얼마를 기부했으며 어느 회사 전 직원들이 봉사 활동을 다녀왔다는 기사를 심심찮게 발견할 수 있다. 커다란 현수막을 배경으로 찍은 참가자 단체 사진도 늘 함께 등장한다. 기업들은 이와 같은 활동을 사보나 다른 매체에 실어서 자랑스럽게 알린다. 그러나 상당한 예산이 편성된 이들의 사회봉사 활동은 기업에 크게 도움이 되지 않는다. 게다가 일반 대중이 알아주지도 않는 것 같다. 도대체 무엇이 문제일까?

문제는 앞서 언급한 바와 같이 기업의 사회책임 활동에 대해 기업이 잘못 이해하고 있으며 이를 기반으로 CSR 활동을 하고 있다는 사실이다. 자선 활동, 봉사 활동만으로 생색내는 시절은 이제 끝났다. 기업이 이윤을 사회에 환원하는 기부 활동, 자원 봉사 활동 등으로 기업의 사회책임 활동 자체를 대체할 수 없는 시대가 도래한 것이다.

A사는 '제품의 성분 문제'라는 주요한 사회적 이슈를 놓치고 한시적인 자선, 봉사 활동으로 소비자들을 달래보려고 했다. 그러나 이는 소비자에게 통하지 않았다. 소비자 역시 생색내기 식으로 진행되는 기업의 사회책임 활동은 경기가 불황일 때나 기업의 재무 성과가 낮을 때는 언제라도 중단될 수 있는 일회성 활동임을 알기 때문이다.

이는 소비자가 만족하지 못하는 차원에서 끝나지 않는다. 이럴 경우 기업의 사회책임 활동은 무엇보다 기업의 지속가능성에도 아무런 영향을 주지 못한다. 사회책임 활동이 기업의 본업과 분리되어 있기 때문에 대외적으로는 좋은 일을 했다는 데 의미가 있지만 정작 기업에는 비용 지출로만 기록되는 것이다.

돈 쓰고도 욕먹고 좋은 일을 해도 티가 안 난다면 억울하지 않은가? 지금 기업이 직면한 답답함은 결국 기업의 본질인 '실질적 경쟁력 제고를 통한 이익 창출 활동'에서 답을 찾아야 할 것이다.

가치사슬을 들여다보면 CSO가 보인다

앞서 기업의 사회적 책임이 단순한 자선 활동에 그쳐서는 안 되는 이유에 대해 살펴보았다. 사회책임 활동을 할 때도 기업의 본질에 충실해야 한다. 궁극적으로 기업의 핵심 제품과 서비스 자체에 대한 혁신이 일어나야 한다. 이는 기업 생산의 밑바탕이 되는 기업의 가치사슬Value Chain을 분석하는 것에서부터 시작한다.

기업의 가치사슬이란 기업이 부가가치를 생성하는 과정을 의미하며, 주 활동primary activities과 지원 활동support activities으로 나뉜다.[12] 주 활동은·기업이 가치를 직접 창출하는 부문의 활동이고 지원 활동은 가치가 창출되도록 간접적으로 도와주는 역할을 하는 부문의 활동을 말한다. 주활동과 지원 활동은 각각 다음과 같은 세부 단계로 나눌 수 있다.

- **주 활동**: 물류 투입, 운영, 물류 산출, 마케팅과 판매, 서비스 활동
- **지원 활동**: 기업 인프라, 인적 자원 관리, 기술 개발, 조달

기업은 각 단계의 가치사슬을 통해 기업 활동을 분석함으로써 어떤 부분에서 기업의 경쟁력이 창출되는지 또는 어디서 문제가 생겨나는 지 등을 총체적으로 분석할 수 있다. 이러한 이점으로 인해 가치사슬 은 경영전략 및 기업 분석의 유용한 모델로 활용돼왔다.

기업 경영에서 가치사슬이 균형적으로 건강하게 유지되는 것은 굉장 히 중요하다. 그러나 천연 자원 사용 문제, 건강이나 안전 문제, 노동 환경문제 등의 사회적 이슈는 기업의 가치사슬 곳곳에서 상당한 비용 지출을 초래하고, 동시에 기업의 제품 및 서비스의 질을 떨어뜨리기도 한다. 가치사슬의 어느 부분에서든지 불균형imbalance이 빚어지면 그에

| 그림 3-4 | **기업의 가치사슬**

대한 비용이 생겨나고 지체되는 시간lag time도 늘어나게 된다.

'폭스콘Foxconn' 사례는 '노동환경 문제'라는 사회적 이슈로 인해 가치사슬에서의 불균형이 어떻게 일어나게 되는지를 잘 보여준다. 최근 중국에 있는 애플의 하도급업체인 폭스콘에서 미성년자 노동자들의 자살 사건이 연달아 일어나 언론이 떠들썩했다. 열악한 작업환경이 문제의 원인이었는데* 자살한 사람이 19명에 달하자 대중의 비난은 극에 달했다. 이 사건은 최고의 주가를 올리고 있는 애플의 이미지에도 악영향을 끼쳤다.

이는 인적 자원 관리와 관계된 '노동환경 문제'라는 사회적 이슈로 인해 가치사슬에 불균형을 초래한 사례라고 볼 수 있다. 이 경우 기업은 기업의 사회책임 활동을 통해 가치사슬의 불균형을 바로잡아야 한다. 하지만 폭스콘은 적절하게 대응하지 못했다. 물론 그들 역시 나름 조치를 취했다. 노동자의 임금을 5만 원 정도 인상하고, 더 이상 자살 사건이 발생하지 않도록 건물을 쇠창살로 둘러싸고 2층에는 그물을 달아 투신을 방지했다. 그러나 과연 이러한 조치들이 얼마나 효과가 있으며 얼마나 지속성이 있다고 생각하는가? 이 회사는 질 좋은 제품을 지속적으로 생산해낼 수 있을까?

근본적인 문제를 해결하지 않는 한 임금 인상이나 자살 방지 장치 등은 미연의 방지책밖에 되지 않는다. 회사 입장에서도 가치사슬에 전혀

---

* 실제로 폭스콘에서는 애플이 요구하는 낮은 단가를 맞추기 위해 10~20대의 근로자들을 거의 주말도 없이 하루 12시간씩 근무하게 했다. 근무 중 옆 사람과의 대화, 휴대전화 사용 등을 금했고 공장 기계의 움직임에 맞춘 작업의 흐름을 위해 일하는 의자를 바닥에 고정해놓기도 했다.

도움이 되지 않는 일시적인 방편에 불과하다. 결과적으로 사회적 문제를 근본적으로 해결하지 못했을 뿐만 아니라 기업의 경쟁력 또한 제고하지 못했다.

아무리 세계적으로 경쟁력을 가지고 있는 기업이더라도 정작 기업의 가치사슬 활동에서 일어나는 일에 대해 현명하게 대처하지 못하면 큰 어려움을 겪을 수 있다. 그러므로 기업의 가치사슬을 비효율적으로 만드는 사회적 이슈를 정확히 파악해 가치사슬의 각 단계에서 적절하게 대응해야 한다. 이러한 과정은 사회적 이슈로 인해 초래되는 초과 거래비용을 줄여주기 때문에 제품의 질을 향상시킬 수 있으며 서비스를 혁신시킬 수 있다.

주 활동과 지원 활동에서 찾은 사회책임경영

이제 가치사슬과 기업의 사회책임 활동을 어떻게 결합할 수 있는지 실질적이고 구체적인 적용 방법이 궁금할 것이다. 가치사슬의 세부적인 단계에서 사회책임 활동을 펼친 사례를 통해 기업과 사회 모두 혜택을 누리는 방법에 대해 알아보도록 하자.

1) 주 활동

가치사슬의 주 활동 중에서 물류 투입 단계를 중심으로 살펴보자. 화석연료의 사용으로 인한 환경오염 문제가 심각하게 떠오르면서, 많은 양의 화석연료를 필요로 하는 물류 투입 단계에 대해 여러 기업이 해결책을 찾고 있다.

중공업이나 조선 산업의 경우 에너지 사용으로 인한 환경오염에 매우 민감하다. 환경오염은 사회적으로도 중요한 이슈기 때문에 해당 산업에서는 이에 관한 사회책임 활동에 큰 관심을 보이고 있다. 또한 제품에 사용되는 주요 원료를 해외에서 들여와야 하는 산업도 있다. 이러한 경우 물류 투입에 소요되는 화석연료의 과도한 사용은 많은 비용을 초래한다. 물류 시스템 자체가 막대한 운송비를 소요하는 구조라면 기업의 비용 손실이 적지 않을 것이다. 따라서 기업들이 화석연료의 사용을 줄이기 위한 사회책임 활동을 많이 벌인다면 환경오염 문제를 해결하는 동시에 물류비용이 감축되는 효율성 증대의 효과를 볼 수 있을 것이다.

기아자동차의 사례를 보면 친환경 물류 시스템이 기업의 효율성에도 긍정적인 영향을 줄 수 있음을 알 수 있다. 기아자동차는 지난 2007년 기준 매출액의 6.7%를 물류비용으로 지출했으며 이 중 65%가 운송비였다. 또한 전체 운송비의 90% 이상이 철도나 해운이 아닌 도로 운송에 의해 발생했다. 도로 운송은 에너지 사용량과 이산화탄소 배출량이 많은 물류 운송 시스템이다. 이로 인해 대기오염을 초래할 뿐만 아니라 기아자동차도 막대한 운송비 때문에 골머리를 앓고 있었다.

이를 해결하기 위해 기아자동차는 물류 공동화 시스템과 물류센터를 구축하기로 마음먹었다. 또한 구간거리 단축, 적재율 향상, 운송 횟수 감축을 통해 조달 물류 시스템을 점차 개선하기 시작했다. 나아가 국내 지역별 판매량을 감안해 지역 출하장을 운영하기로 했다. 이러한 일련의 개선을 통해 물류 시스템을 최적화할 수 있었다. 특별히 33억 8000만 원을 투자해 RFIDRadio Frequency Identification 시스템*을 구축한 것이 혁신의 큰 계기가 되었다. 이를 통해 협력 회사의 납품 운송 횟수가 32%나 감소했으며** 투입 물류 단계에 대한 친환경적 이슈를 통해 최소화된 비용으로 가장 빠르고 정확하게 물류를 운송하는 경쟁력을 발전시킬 수 있었다.[13]

자, 그렇다면 기업의 사회책임 활동이 어디서 일어난 것일까? 단지 기업의 물류비용을 줄이기 위해, 그야말로 기업의 본질에 충실하기 위해 비용 줄이는 방법을 도입한 것이지 이것을 사회책임 활동이라고 볼 수 있느냐고 의아해할지도 모르겠다. 그러나 여기서 다시 살펴봐야 할 것은 기업의 본질이다. 기업이 이윤을 창출하기 위해서는 최소한의 투입으로 최대한의 효과를 봐야 할 것이다. 그러기 위해 사회책임 활동도 사용한 비용에 비해 그 이상의 효과를 거둬야 하는 것이고, 그러다 보면 자연스럽게 장기적이면서도 효과적인 사회책임 활동으로 변모하게 된다.

그럼 다시 가치사슬 얘기로 돌아가서 기업 활동에 대입해보면 분명

---

* RFID 시스템이란 제품 생산과 유통 등에 관한 정보를 초소형의 IC 칩에 내장해 무선주파수로 인식, 추적이 가능하도록 한 차세대 인식 기술이다. 정보 저장 용량이 일반 바코드보다 크고 인식 범위가 넓은 데다 시간 및 자원 절감 효과가 커서 다양한 분야에서 널리 이용되고 있다.

** 현대·기아자동차 공장에서 생산되는 부품 운송의 경우 기존에 이용되던 11톤 트럭을 25톤 트레일러로 대체해 운송 횟수가 2007년 22%, 2008년 50% 줄었다. 교통 정체 시간을 피해 필요한 양만 운송할 수 있도록 협력사에 납입 시간 정보를 제공하는 것은 물론, 운송 차량의 위치까지 파악할 수 있는 물류 체계를 구축했다.

가치사슬을 비효율적으로 만드는, 즉 가치사슬을 불균형적으로 만드는 사회적 이슈가 있음을 알 수 있다. 기아자동차의 경우 화석연료의 사용으로 인해 야기되는 환경문제였다. 화석연료의 과도한 사용은 환경에 해로운 영향을 끼칠 뿐만 아니라 생산 측면에서도 비효율을 초래했다.

경쟁력 제고를 위한 사회책임 활동을 하기 위해 들어가는 비용은 투자의 개념으로 사용되어야 한다. 단지 기업의 이익만을 위한 투자로 끝나는 것이 아니라 기업과 사회가 서로 이익을 창출할 수 있는 투자여야 한다.

사회적 이슈로 인해 초래되는 초과 거래비용을 줄임으로써 제품의 질을 향상시키고 서비스를 혁신할 수 있다. 특히 환경문제와 같은 사회적 이슈는 기업의 가치사슬을 통해 해결이 가능하기 때문에 사회에도 큰 만족을 줄 수 있다.

물류 시스템의 사례가 기업의 주 활동과 관련이 있다면 지원 활동 부문에 대해서도 사회책임 활동을 펼칠 수 있다. 지원 활동 중에서는 기업 인프라 단계의 사례를 살펴보자.

2) 지원 활동

포스코POSCO는 자사의 주요 인프라인 공장 설비 부분에서 사회적 이슈를 동시에 해결하면서 혁신을 이뤄냈다. 제철 산업에 종사하는 많은 기업은 용광로를 사용해 제련하고 제품을 생산하는 과정에서 발생하는 대기오염 등의 문제를 해결하기 위해 고심해왔다. 이에 포스코는

1992년부터 기존 용광로를 대체할 새로운 설비인 파이넥스 설비 기술을 개발해 1996년 이후 상용화했다.

이 파이넥스 설비는 비용도 많이 들고 환경오염 물질 배출이 심각한 사전 공정을 생략할 수 있으며, 값싼 가루 형태의 원료를 그대로 써서 쇳물을 뽑아낼 수 있는 시설이다. 따라서 기업으로서는 설비, 생산 비용을 크게 절감할 수 있고 사회적으로는 환경오염 물질 배출을 대폭 줄이고 자원 소모를 줄일 수 있다.[14] 이는 기업의 인프라에서 사회적 니즈와의 접점을 찾아 환경문제를 해결하는 동시에 비용 절감이라는 경쟁력도 획득한 훌륭한 사례다.

인적 자원 관리에서도 적용 가능한 부분이 많다. 세계적인 호텔 체인 업체인 매리어트Marriot는 지역 단체에서 추천하는 구직자들에게 어느 정도 수당을 주면서 현장 실습on-the-job training, OJT을 시킨 후, 이수자의 90%를 정직원으로 채용한다. 지역 단체가 추천한 구직자들이기 때문에 기업은 처음부터 구직자들을 추려내야 하는 비용을 대폭 줄일 수 있다. 사회적으로는 더욱 많은 고용을 창출할 수 있으니 윈윈 게임이다. 애플의 하도급업체인 폭스콘과는 달리 매리어트는 인적 자원 관리 단계의 가치사슬에서 큰 경쟁력을 얻게 되었다고 볼 수 있다.

기술 개발 단계에서 전략적인 CSO 경영을 구사한 도요타는 친환경에 대한 사회의 이슈를 적극적으로 받아들여 일찍부터 하이브리드 자동차 기술 개발에 전념했다. 아무도 시도하지 않았을 때 선도적으로 사회적 이슈에 대해 관심을 갖고 관련 기술 개발에 힘썼기 때문에 지금은 다른 기업들이 쉽게 따라오지 못하는 경쟁력을 갖추게 되었다.

연료절약형 하이브리드 기술은 환경문제를 해결해나가는 데 도움을 주었을 뿐 아니라 도요타 자동차의 경쟁력도 높여준 것이다.

이제까지 대부분의 기업은 각종 규제에 대해 방어적인 수준에서 제품 사양을 바꾸는 식의 방안을 강구했다. 그러나 그와 같이 NGO나 국제사회 등의 요구에 대응하는 것은 위기관리 차원에서의 생존을 위한 CSR에 그칠 뿐이며, 이는 이해관계자들의 기대 수준을 뛰어넘지 못한다는 맹점이 있다. 단지 위기를 사전에 관리하는 것이 목표기 때문에 CSR의 결과물이 외부에서 제시하는 적정 기준이나 기대하는 바를 충족시키기 어렵다.

가치사슬 안에서 연결시켜보자!

지금까지는 가치사슬의 '가지'들을 살펴보았다. 이제는 시야를 넓혀서 '나무'를 바라보자. 기업이 가치사슬을 좀 더 넓은 시각으로 바라보면 가치사슬 안에서 각각의 단계가 아니라 여러 단계에 걸쳐서 경쟁력을 강화하기 위한 CSO를 시행할 수도 있다.

스위스에 본사를 둔 네슬레는 실제로 그러한 시도를 통해 큰 성공을 거두었다. [그림 3-5]에서 볼 수 있듯이 네슬레는 가치사슬 안에서 '인적 자원 관리' '조달' 그리고 '물류 투입'이라는 세 단계에 걸쳐 기업의 사회적 책임 활동을 실시했으며, 이를 통해 기업의 생산성을 제고했다. 그 구체적인 이야기를 살펴보자.

네슬레는 신흥 시장인 인도에 적극적으로 진출하기 위해 인도의 모가Moga라는 지역에서 사업을 시작했다. 그러나 인도 진출 당시 관련 시설이 제대로 갖춰지지 않은 상태였고 위생 또한 취약해서 송아지 사망률이 60%에 달했다. 이 지역의 소규모 우유 공급자들이 기르는 젖소의 영양 상태가 좋지 않아서 우유의 품질이 형편없이 떨어졌다. 우유를 운반하는 수단도 열악해서 네슬레가 원하는 고품질 우유를 공급받기 어려웠다.

이 문제를 해결하기 위해 네슬레는 우선 해당 지역에 수의사와 관련 기술자들을 파견해 젖소 관리에 필요한 기술을 전수해주고, 추가 농가에 대한 교육을 제공하고 이에 소요되는 자금을 충당했다. 우유의 품질을 향상시키는 데 필요한 인프라도 개선했다. 우유를 신선하게 저장할 수 있도록 냉장 시설이 구비된 집합 장소collection points를 설치하고, 이

| 그림 3-5 | **가치사슬 안에서 제품 및 서비스의 혁신**

집합 장소에서 네슬레가 직접 빠르게 운반할 수 있는 물류 시스템을 도입했다. 소를 기르는 방법부터 시작해서 우유를 짜내고 이를 신선하게 보관해 네슬레 공장으로 안전하게 조달기까지 전 과정에 걸쳐 투자한 셈이다.

이를 통해 과거 인도에서 가장 가난한 지역으로 꼽혔던 모가는 이제 인도 낙농 산업의 중심지로 탈바꿈했다. 우유 생산성도 50배로 증가해 결과적으로 네슬레는 품질 좋은 우유를 안정적으로 공급받을 수 있게 되었고, 비용우위를 높여 이윤도 크게 증가하는 결과를 얻었다. 가치사슬의 여러 단계에 걸친 네슬레의 사회책임 활동을 통해 사회와 기업이 모두 혜택을 누리게 된 것이다.

이뿐만 아니라 네슬레는 직원에 대한 복지와 노동환경 향상을 위한 계획을 발표해 커피 공급업체를 위한 일반 규정도 만들었다. 이 규정에서 산업체와 협력업체에 최고 수준의 임금을 지불하고 미성년자의 고용을 금하는 내용 등을 명시했으며, 이 조항이 브라질, 아프리카, 중앙아메리카의 커피 재배업자들에게도 적용되도록 했다.

가치사슬을 광범위하게 활용해 높은 경쟁력을 얻은 또 다른 기업이 있다. 고급 유기농 식품으로 유명한 미국 식품업체 홀푸드Whole Foods다. 홀푸드는 해로운 농약이나 원료를 사용하지 않는 유기농만을 취급해 '물류 산출' 부분에서 기업의 사회책임 활동을 우선적으로 이행하고 있다. 또한 홀푸드는 제조 및 관련 시설에 100% 풍력 에너지를 사용함으로써 '운영' 부분에서도 사회책임 활동을 실시하고 있다. 이러한 일련의 사회책임 활동은 환경문제를 해결하는 데 기여할 뿐만 아니라 기업

차원에서도 보다 효율적인 대체 에너지 사용을 가능하게 했다.

더 나아가 홀푸드는 소비자들로 하여금 건강하지 못한 제품은 소비하지 않도록 하는 캠페인을 벌여 '마케팅과 판매' 부분에서도 기업의 사회책임 활동을 실시하고 있다. 실제 홀푸드의 경쟁력과 관련 있는 CSO 활동을 통해 소비자의 건강을 돌봄과 동시에 유기농 제품인 홀푸드의 식품을 홍보하는 상생 효과를 누리고 있는 것이다.

한편 '물류 투입' 단계에서도 기업의 사회책임 활동을 실시하고 있다. 홀푸드는 '가축을 기를 때도 정성을 다해 길러야 한다'고 주장하는 동물 동정 재단Animal Compassion Foundation을 적극 지원하고 있는데, 안전하고 자연 친화적인 고급 유기농 식품을 제공하기 위한 홀푸드의 이와 같은 전략은 관련 사회단체에 직접적인 도움을 주는 동시에 홀푸드의 가치사슬에도 매우 긍정적인 영향을 미치고 있다.

이처럼 가치사슬의 여러 단계에 걸쳐 사회책임 활동을 진행한 결과 홀푸드는 친환경 유기농 식품을 단순히 생산, 판매하는 것을 넘어 '건강' '환경' 등의 사회적 이슈를 접목한 CSO 활동을 통해 새로운 가치를 창출할 수 있었다. 이는 매출 신장으로 꾸준히 이어져 미국 38개 주와 캐나다와 영국에 295개의 매장이 들어섰으며 2010년엔 90억 달러에 달하는 매출을 기록했다.[15]

이러한 성공 사례들은 매우 간단한 것처럼 보이지만, 실제로 그와 같이 분석하고 적용하는 과정은 생각만큼 쉽지 않을 수 있다. 그렇다면 무엇부터 시작해야 하는가? 일단 기존에 보유한 경쟁력 창출의 핵심 활동이 무엇인지를 파악하고 이들 중 어떤 부분이 비효율적으로 운영되고 있는지 분석해야 한다. 그리고 가치사슬과 관련해 현재 어떠한 사회적 이슈가 야기되고 있는지, 그러한 이슈들이 어떠한 불필요한 거래비용의 지출을 발생시키는지 분석해 사회적 이슈와의 접점을 찾아내야 한다. 바로 이것이 사회적 기회를 창출하면서 동시에 기업의 혁신을 일으키기 위한 기반이 된다.

전략 3

고객이 필요로 하는 사회적 이슈로 시장을 통찰한다

미래학자 앨빈 토플러Alvin Toffler는 21세기를 예측하며 '프로슈머prosumer'라는 단어를 소개했다. 이 단어는 생산자를 의미하는 영어 '프로듀서producer'와 소비자를 뜻하는 '컨슈머consumer'의 합성어다. 프로슈머의 등장으로 기업은 더 이상 소극적으로 고객의 의견을 가늠하거나 자의적으로 해석할 수 없게 됐다. 지금은 소비자가 생산자의 영역을 넘나들며 스스로의 욕구를 적극적으로 제안해 생산과정에 참여하거나 때때로 원하지 않는 상품을 거부하기도 한다. 이는 기업이 더 이상 말로만 '고객 중심'을 외칠 수 없다는 것을 의미한다. 이제 '수박 겉핥기'식 고객만족은 통하지 않는다.

마케팅을 포함한 기업의 전 방위 활동에서 고객만족이 이루어져야 하며, 이는 오늘날 필수적인 개념이 되었다. 그리고 이러한 마케팅은 다시 소비자에 의해 평가된다. 소비자의 긍정적인 평가는 다른 소비자에게 강력한 영향을 끼친다. 이를 통해 소비자는 기업에 대한 충성도loyalty를 형성하게 되며, 자연스럽게 타기업의 제품으로 옮겨가는 전환비용switching cost*을 높이는 효과도 불러일으킨다. 소비자들이 제품 광고를 곧이곧대로 믿을지 아니면 제품에 관한 다른 소비자의 평가에 더 귀를 기울일지를 생각해보면 이해가 쉽게 갈 것이다.

기업의 사회책임 활동도 이러한 성격을 갖는다. 기업의 사회책임 활동은 사회의 적극적인 요구에 대해 기업이 책임을 지고 헌신한다는 기존의 트렌드에 비춰보았을 때 고객 중심 요소가 다른 어떤 활동보다 중시되어야 한다는 전제를 바탕으로 한다. 그렇다면 실제로도 기업의 사회적 책임 활동이 소비자 중심으로 이루어져왔을까?

'고객 중심'인가 '기업 중심'인가

동물실험 반대, 커뮤니티 공정거래, 자아존중 고취, 인권 보호, 그리고 지구 환경보호를 기치로 하는 영국의 중저가 화장품업체인 더바디샵은 다른 기업들보다 더 나은 사회적 이미지를 구축하는 데 상당한 성공을 거두었다. 특히 인권 운동에 관한 사회적 책임 활동으로 수많

---

* 소비자가 현재 사용하는 브랜드나 특정 상품을 마케팅에 의해 새롭게 제안된 다른 브랜드나 상품으로 바꿀 때 발생하는 소비자 비용. 전환비용이 높을수록 소비자는 해당 마케팅 메시지를 받아들이지 않으며 다른 브랜드나 상품으로 바꾸는 선택을 하지 않는다.

은 매체와 대중으로부터 좋은 평판을 얻었기 때문에 기업의 성공적인 사회적 책임 활동의 사례로도 자주 거론되곤 한다.

더바디샵의 기업 이념은 인권 보호라고 한다. 더바디샵의 창업자인 아니타 로딕Anita Roddick은 지구 공동체의 일원으로서 인권을 보호받지 못하는 이들을 위해 기업이 적극적으로 나서야 할 책임이 있다고 믿었다. 그런 까닭에 더바디샵은 1994년부터 가정폭력에 대한 사회적 관심과 기금 마련에 참여해왔으며 에이즈AIDS에 대한 잘못된 인식과 문제를 바로잡기 위해 캠페인을 적극적으로 진행해왔다.

또한 1990년 아니타 로딕은 전쟁이나 자연재해로 고아가 된 아동을 보호하기 위해 '칠드런 온 디 에지Children on the Edge'를 설립했다. 이 단체는 현재 루마니아, 동티모르, 인도네시아 등 전 세계 11개국에서 활발한 활동을 펼치고 있다. 더바디샵 매장에서는 이 단체를 지속적으로 돕기 위해 유기농 면화로 만든 에코 가방 '백 포 라이프Bag for Life'를 판매하고 있으며 수익금 전액은 보호 아동을 위해 사용된다. 많은 사람이 이러한 인권 보호를 위한 사회 활동에 지지를 보내며 더바디샵을 높이 평가했다. 아니타 로딕은 인권 보호라는 개인적인 사명을 기업 활동에 효과적으로 투영시킨 것이다.

이렇게 보았을 때 더바디샵의 사회책임 활동은 매우 성공적으로 보인다. 시민사회 차원에서 보았을 때 로딕의 활동은 매우 훌륭하다. 하지만 더바디샵이 소비자를 위한 고객 중심의 사회적 책임 활동을 펼쳤다고 평가할 수 있을까? 더바디샵의 사회책임 활동은 창업자의 철학에 따른 '자기만족'을 위한 활동이라고 볼 수 있다. 기업의 신념 기반에는 '착한 기업'이라는 철학이 있지만, 이러한 동기는 사실 창업자의 개인적 철학에서 출발한 것이다. 따라서 전 세계적으로 아니타 로딕과 같은 철학을 공유하는 '착한 시민'들에게는 유익한 활동이지만, 실제로 더바디샵의 제품을 소비하는 고객에게도 그렇다고 보기는 어렵다.

더바디샵의 제품은 보디·스킨·헤어 케어와 각종 메이크업 제품이 주를 이룬다. 소비자가 더바디샵 매장을 찾는 이유는 무엇인가? 더바디샵의 모든 고객이 인권 보호나 에이즈 예방에 관심을 가지고 있는지에 대해서는 확신할 수 없다. 그러나 한 가지 확신할 수 있는 것은 피부의 건강과 아름다움이라는 주제가 더바디샵 고객들의 공통적인 니즈라는 것이다.

이러한 고객 분석을 바탕으로 더바디샵의 사회책임 활동을 살펴보자. 물론 피부의 건강과 아름다움을 위해 환경 친화적 성분을 제품에 사용하는 것은 소비자에게 도움이 된다. 그러나 전체적인 더바디샵의 사회책임 활동 비율로 보았을 때 인권 운동이 많은 부분을 차지하고 있다는 점을 다시 한 번 생각해보아야 한다.

더바디샵의 사회책임 활동은 '고객 중심' 활동과는 다소 거리가 있을 수 있다. 정작 고객이 원하는 것은 '양질의 화장품'임에도 불구하고, 더바디샵은 고객이 원하는 핵심과 크게 관련이 없는 것에 초점을 맞추고 있기 때문이다. 기업과 기업가의 자기만족과 철학에만 지나치게 중점을 둔다면 말로는 아무리 '고객 중심'을 외친다고 한들 실제로는 '기업 중심'일 수밖에 없다. 기업은 제품과 서비스로 판가름 난다. '고객 중심'의 철학도 제품과 서비스로 평가했을 때 의미가 있다. 그 외의 영역에서 '고객 중심'을 내세운다고 해도 실효를 거두기 어렵다.

쿠팜 프로젝트에서 발견한 가능성

기업의 사회책임 활동을 스마트하게 수행하기 위해 기업은 소비자와 소비자가 속한 사회의 니즈와 이슈에 대해 정확히 분석해야 한다. 그리고 그 사회적 니즈와 이슈를 기업의 제품과 서비스에 적절히 결합시켜야 한다. 이러한 과정을 통해 시장을 선도하는 경쟁우위와 이를 포함한 최첨단의 제품과 서비스를 개발할 수 있게 된다.

사회적 니즈와 이슈는 한정돼 있지 않다. 무궁무진한 사회적 니즈와 이슈에 대해 기업들이 각기 전문화된 분야에서 적극적인 관심을 기울인다면, 각자가 차별화된 제품과 서비스를 선보일 수 있다. 그러면 각기 전문화된 기업과 그에 관련된 다양한 사회적 니즈가 만날 수 있는 접점 또한 다양해질 수 있을 것이다. 결과적으로 기업들이 차별화된 CSO 활동을 통해 사회의 각 영역에서 상생할 수 있는 여지가 커지게 되며, 전략 없이 무조건적으로 사회공헌 활동을 하는 것에 비해 더 큰 사회적 이익을 가져올 수 있다.

더욱이 사회적 니즈는 시간이 흐름에 따라 다양하게 변화한다. 기술이 진보하고 시장이 변하면 각 국가, 사회마다 그 니즈와 이슈가 서로 다른 속도와 다른 방향으로 진화해간다. 1980년대 경제개발계획에 따라 경제성장을 꾀하고 있던 때의 한국 사회와 21세기에 들어와 IT를 포함한 최첨단 기술이 경제 흐름을 선도하는 현재의 한국 사회가 서로 다른 니즈를 가지고 있는 것과 마찬가지다. 물론 동시대에도 지역에 따라 니즈와 이슈가 서로 다를 수 있다. 같은 시대를 살면서도 미국 소비자가 느끼는 건강에 대한 니즈와 아프리카 소비자가 느끼는 건강에 대한 니즈는 분명 다르다. 따라서 앞으로 기업들은 무궁무진한 새로운 경쟁우위와 혁신의 기회를 계속해서 찾아낼 수 있을 것이다.

이러한 니즈와 이슈를 제품과 서비스에 적극적으로 대입해보자. 기존의 제품과 서비스에 환경적 이슈, 에너지 사용, 노동자의 건강과 같은 사회적 니즈를 대입해 경쟁력 강화 및 새로운 제품으로의 혁신을 모색하는 것이다. 예를 들면 비만 문제로 고심하는 사람이 많은 현대사회에서는 식품 회사 대부분이 저지방 혹은 무지방 유제품을 선보이고 있다. 기업이 사회적인 건강 문제를 자사의 제품에 적극적으로 대입한 결과다. 기존에 단일한 유제품에 주력하고 있었다면, 이제는 사회적 이슈 해결을 통해 같은 제품군 안에서 다른 아이템을 선보여야 할 것이다. 이는 기업이 자체적으로 차별화를 꾀할 수 있는 좋은 기회가 된다.

이렇듯 사소하게 보이는 변화도 있지만, 적극적인 차별화 노력은 때때로 큰 변화를 불러오기도 한다. 제품과 서비스 자체를 새롭게 디자인하거나 유통 방식 자체를 완전히 바꾸는 경우도 있다. 그중의 한 기업이 바로 휴렛팩커드Hewlett-Packard Company, HP다. 휴렛팩커드는 자신들이 제공하는 IT 서비스의 경쟁력을 디지털 격차 문제라는 사회적 이슈에 초점을 맞추어 개발하고자 한 기업이다.

휴렛팩커드는 기존에 제공하던 서비스만으로는 다가오는 21세기에 경쟁우위를 유지하기가 불가능하다는 것을 깨닫고 고민에 빠졌다. 그러한 문제를 타개하기 위한 방편으로 신흥 시장인 인도를 개척해 새로운 고객의 니즈를 연구하기로 했다. 이러한 목적으로 인도의 쿠팜Kuppam 지역을 방문한 후 대용량의 서버를 사용하는 인터넷 서비스 등은 기본 인프라가 부족한 시장에 적합하지 않다는 사실과, 기존의 선진 시장에서 적용하던 IT 서비스로는 성공할 수 없다는 것을 깨닫게 됐다. 이러한 과정을 통해 휴렛팩커드는 '전자통합e-inclusion'이라는 새로운 플랫폼의 서비스 형태를 개발했고, 디지털 격차 해소는 물론 기업의 장기적 성과를 동시에 향상시킬 수 있었다.[16]

휴렛팩커드는 쿠팜 지역 주민들의 환경, 문화, 경쟁력 등에 대해 오랜 시간에 걸쳐 조사하고 그들의 이야기를 경청했다. 그뿐만 아니라 플랫폼 사업 이후에도 쿠팜 주민들이 스스로 그것을 기반으로 사용할 수 있게끔 프로젝트 활동에 지역 주민과 관계자들을 모두 포함시켜 자생력을 키우는 것에 큰 목표를 두었다. 전자통합 전략을 인도의 쿠팜 마을에 적용해 전기와 물 같은 기본적인 생활환경도 갖추지 못했던 마을이 스스로 사업 역량을 찾도록 도와주고 기술적인 혜택을 누릴 수 있도록 한 것이다.

휴렛팩커드는 '빠른 시작' '뛰어오르기' '연합' '이전'의 네 단계로 구성된 방법론을 만들어냈다. 휴렛팩커드는 이 네 단계를 통해 지역 공동체에 무엇이 필요한지를 파악하고, 문화적 의미와 필요에 따른 해결책을 개발해 제시했다. 그리고 이를 바탕으로 지역 주민의 요구에 부합하는 사람 중심의 기술과 제품을 만들었다. 나아가 지역사회 구성원이 기술을 통해 그들이 가진 창조력을 발휘하도록 도와주었다. 휴렛팩커드도 쿠팜 프로젝트를 통해 신흥 경제권에 진출하기 위한 방법론을 익혔고 이에 대한 차별화된 경험을 쌓고 경쟁력을 향상시킬 수 있었다. 기업 전체적으로 타깃 마켓에 대한 거듭되는 혁신을 이룩하고 전자 통합 서비스 개발을 선도하게 된 것이다.

휴렛팩커드는 고객 중심을 말로만 외치지 않았다. 한발 더 나아가 직접 고객의 목소리를 듣고 바로 거기에서 기업과 사회의 접점인 경쟁력을 찾아낸 것이다. 지속적인 의사소통을 통해 사회의 니즈를 알아냈고, 이를 기업의 제품과 서비스에 잘 녹여내 새로운 경쟁우위를 발견했다. 결국 경쟁력 강화를 위한 CSO는 기업의 일방적인 희생과 헌신이 아닌, 그리고 소비자의 일방적인 요구가 아닌, 모두 상생할 수 있는 새로운 가능성을 찾아내는 새로운 전략적 기회인 것이다.

가자, 새로운 시장이 기다리고 있다

기업의 혁신은 새로운 제품과 서비스를 만들어내는 것에만 국한되는 것이 아니라 새로운 시장, 특히 국제시장에 진출하는 것도 포함된다. 이 과정에서 새로운 시장과 기업이 상생할 수 있는 전략적 기회를 만들어낼 수 있다. 기존의 많은 기업은 이미 성장한 시장에서 활동하는 것을 선호해왔지만 앞으로는 더 큰 사회적 니즈와 이슈를 가지고 있는 새로운 시장, 즉 신흥 경제국과 개발도상국에 주목할 필요가 있다.

실제로 최근의 기업들은 브릭스BRICs를 비롯한 많은 개발도상국으로 활발하게 진출을 꾀하고 있다. 특히 엄청난 인구를 가진 중국과 인도는 다국적 기업이 몰려들면서 세계 최대 시장으로 떠오르고 있다. 수요 면에서 시장이 클 뿐만 아니라 사회적 니즈가 충족되지 않은 부분이 많기 때문에 기업들이 CSO 활동을 통해 미래의 경쟁우위를 효과적으로 확보하기에 유리하다.

국내 기업 중에서도 이에 해당하는 좋은 사례가 있다. 중동 지역을 비롯한 아프리카, 동남아시아 등의 물 부족 국가에서 담수 설비에 대한 공급이 절실하던 시절이 있었다. 이에 두산그룹은 해수 담수화 플랜트 사업에 뛰어들었다.[17] 현재 세계 제1의 경쟁력을 확보한 담수 플랜트는 여타 기업이 관심을 갖지 않던 지역에 진출해서 이뤄낸 CSO 활동의 결과물이다.

두산이 처음 문을 두드린 곳은 1978년 사우디아라비아 파라산 프로젝트였다. 이후 물이 부족한 척박한 지역을 찾아다니며 다양한 프로젝트를 수행한 결과, 1990년대에는 마침내 기술 자립을 이루게 되고 세계 최초로 원 모듈 공법, 하이브리드 타입과 같은 첨단 기술을 개발하기에 이른다. 환경이 척박한 지역과 개발도상국을 '물 부족'이라는 사회적 이슈를 통해 이해하고, 그 문제를 해결함과 동시에 새로운 경쟁우위까지 획득하게 된 것이다.

기존의 익숙한 방식으로 사회책임 활동을 벌이는 기업들은 자신들의 활동이 '고객 중심'의 기본 정신을 기반으로 하고 있다고 주장한다. 그래서인지 대부분의 사회책임 활동 보고서에는 활짝 웃고 있는 아이의 사진이나 아름다운 자연환경 사진이 빠지지 않는다. 하지만 인터넷과 소셜 네트워크 서비스Social Network Service, SNS를 자유자재로 이용하는 소비자들은 기업의 홍보 자료에 쉽게 감동받지 않는다. 오히려 기업의 진정성을 끊임없이 의심한다.

기업은 소외 계층과 소외 지역의 사회적 니즈에 귀를 기울여야 한다. 그리고 깊은 이해를 바탕으로 제품과 서비스 자체를 새롭게 재구성하고 혁신할 수 있어야 한다. 말로만 '고객 중심, 고객만족'을 외치던 시대는 지났다. 고객이 원하는 사회적 이슈를 통해 시장을 이해하고 통찰하라. 이러한 통찰을 통해서만이 비로소 남들과는 차별된 새로운 기회를 잡을 수 있을 것이다.

전략 4
관련 기관과 함께
클러스터를 형성한다

기업이 좋은 의도로 사회공헌을 하더라도 실제로 사회에 보탬이 되지 않았다면 이는 사회책임 활동을 그저 '남의 일'로 생각했기 때문이다. 일단은 뭔가 행동을 취해야 한다는 의무감으로 사회책임 활동을 실행하다 보니 기업으로서는 비용만 늘게 되는 것이다.

　일반적으로 기업은 어떻게 해서든 비용을 줄이기 위해 노력한다. 현재의 지출 상태에서 최대한의 효과를 내려고 하는 것은 기업의 속성이다. 그런데 기업의 사회적 책임이라는 명목으로 돈이 나간다고 치자. 그 활동을 '나의 일'이라고 생각한다면 쉽게 행동할 수 없을 것이다. 돈쓰는 일에 대해 결재를 받으려면 그 결과물에 대한 보고가 따라야 한다. 그런데 왜 사회책임 활동에 관해서는 그것을 제대로 확인하지 않는 것인가?

여러 번 강조했지만 기업과 사회는 적대적인 관계가 아니다. 기업은 사회를 구성하는 일원으로서 사회의 영향을 많이 받기 때문에 사회의 일은 곧 '나의 일'이 된다. 모든 것이 유기적으로 연결되어 사회를 만들어가는 것이다. 그러므로 기업이 독자적으로 활동하는 것보다도 필요에 따라 다른 기업이나 단체들과 자원을 나누기도 하고 핵심역량을 모아 협력한다면 사회책임 활동 면에서도 시너지 효과를 볼 수 있을 것이다.

여럿이 뭉치면 힘이 더 세진다

요즘 우리나라에도 파티 문화가 대중화되면서 젊은 층 사이에서 포틀럭 파티potluck party가 인기다. 포틀럭 파티에는 참석자들이 각자 취향대로 간단한 음식을 챙겨 온다. 그래서 다 같이 모인 자리에서 주최자가 준비한 메인 메뉴와 함께 다양한 요리를 즐길 수 있다. 자신만의 독특한 레시피로 샐러드 소스를 맛있게 만드는 한 친구는 샐러드를 만들어 오고 다른 친구는 어머니에게 전수받은 비법으로 특별한 닭볶음 요리를 가져온다. 또 다른 친구는 지난번에 친구들이 맛을 보고 모두 칭찬했던 케이크를 디저트로 준비해 온다. 이렇게 요리라는 범주 안에서 각자 잘 만들거나 좋아하는 메뉴를 가져오기 때문에 다양한 사람이 모일수록 풍요롭고 즐거운 파티가 된다. 한 사람이 준비한 식탁보다도 맛, 그림, 영양적인 면에서 훨씬 풍성할 수 있다.

기업의 CSO 활동도 다른 사회 구성원들과 함께 클러스터를 형성하면 포틀럭 파티처럼 풍성하고 품질적인 면에서도 훌륭한 결과를 얻을 수 있다. 여러 기업이 각자 보유하고 있는 능력을 하나로 모았을 때 기업과 사회가 개별적으로는 할 수 없던 일들이 가능해지기 때문이다.

원래 클러스터cluster의 개념은 산업 발전 과정에서 나타나는 현상을 가리킨다. 대표적인 산업 클러스터인 미국의 실리콘밸리Silicon Valley는 실리콘으로 된 반도체 칩을 생산하는 전자산업체들이 대거 모이면서 12개 시를 아우르는 하나의 커다란 클러스터를 이루게 된 것이다. 현재도 애플Apple, 인텔Intel 등을 비롯한 4000여 개에 달하는 수많은 IT 기업이 모여 시너지 효과를 내면서 큰 성공을 거두고 있다. 세계 여러 곳에서 다양한 목적으로 조성된 클러스터들이 협력 활동을 벌이며 큰 성공을 거두는 사례가 늘고 있다.

그러면 CSO 활동을 위한 클러스터를 형성하는 방법에 대해 살펴보자. 기업의 생산력 향상과 제품 및 서비스의 혁신은 경쟁 기업이나 관련 산업군의 지원을 비롯해 조달, 물류 인프라 등 세부적인 영역에서의 협력을 통해 이뤄진다. 이는 클러스터가 형성되었을 때 기업이 보다 큰 성공을 거둘 수 있는 기반이 마련된다는 것을 의미한다. CSO의 활동 또한 사회의 다양한 이해관계자들과 도움을 주고받으며 효율적으로 수행될 수 있다.

앞서 언급했던 휴렛팩커드의 쿠팜 프로젝트는 CSO 활동과 관련된 사회 구성원들과의 클러스터 구성을 보여준 사례다. 휴렛팩커드 직원들이 책상에 앉아 CSO 활동을 구상했더라면 지금과 같은 전자통합이라는 혁신적인 서비스는 나오기 어려웠을 것이다. 프로젝트의 첫 번째 단계에서 휴렛팩커드는 지역 공동체의 니즈를 정확하게 확인하고 평가하는 데 목표를 두었다. 따라서 초기에는 소수의 직원을 현지에 파견해 지역 공동체 구성원들과 함께 팀을 꾸렸다. 여기에는 지역 정부 관계자, 현지 기업, 마을 지도자, 관련 NGO, 학교 대표자, 시민, 그리고 중앙 정부의 직원들까지 현지의 다양한 직책 종사자들이 포함됐다.[18]

다음으로는 각종 인터넷 관련 사업에 지역주민이 함께 참여해 일할 수 있도록 구조화하는 작업에 착수했다. 이를 통해 소비자들과 보다

| 표 3-1 | **쿠팜 프로젝트의 주요 파트너십**[19]

파트너십	활동 내용
	안드라 프라데시(Andhra Pradesh) 지방 정부와 MOU를 체결해 공식적인 협력 약속, 안드라 프라데시 지방 정부와 공동 계획 발표
WORLD CORPS	World Corps 지역정보센터(Community Information Centres) 설립
Datamation.	Datamation과 협력해 ITES(IT 관련 직업 훈련센터) 운영
FRLHT	FRLHT와 파트너십을 맺고 대안 농업을 위한 허브 가든 사업 시작
SAMUHA	Samuha와 파트너십을 통해 농지 지도 작성을 위한 원거리 감지 프로그램(Remote Sensing Application) 실시
ICICI Bank	ICICI 은행과 파트너십을 맺고 지역 정보센터에 대한 보험 서비스 제공
unicef	유니세프에서 지역 내 기업가들을 위한 'Sisu Samrakshak' 프로그램 운영
CISCO	시스코시스템스에서 CISCO 아카데미를 만들어 쿠팜 지역 주민들을 위한 IT 트레이닝 서비스 실시

긴밀하게 클러스터를 구성해 사회적인 문제를 빠르고 효과적으로 해결했음은 물론이고 신개념 서비스도 창출할 수 있었다.

CSO 클러스터는 기업의 가치사슬에 연관을 맺고 있는 모든 사회의 관련 주체들을 포함한다. 다시 말해 조달 단계에서 협력하는 조달업체와 원자재업체 등을 아우른다. 마케팅이나 서비스 단계에서 이용하는 관련 서비스 제공업체를 포함하기도 한다. 기술 개발 단계에서는 관련 대학과 연구소 등을 포함할 수 있다.

단순히 이들과 협력해 제품을 개발하는 차원에 머물러서는 안 된다. 이들 모두와 함께 CSO를 실현하는 것을 목표로 삼아야 한다. 그래야 관련 주체들과 함께 비효율적인 단계와 효율적인 단계를 구별할 수 있을 것이다. 비효율적인 단계에서 작용하는 사회적 이슈를 알아내 공동으로 해결이 가능하기도 하다.

앞서 소개한 기아자동차의 경우, RFID를 적용한 물류 시스템의 고효율 운영으로 조달업체와 물류 출고를 담당하는 협력사들이 비용을 절감할 수 있었으며 이 과정에서 배출되는 오염 물질도 최소화할 수 있었다. 즉, 기아자동차가 홀로 할 수 있는 CSO가 아니라 조달업체와 협력사를 통해 적극적인 활동을 벌인 덕분에 성공을 거둘 수 있었던 것이다. 협력업체들을 단순히 수동적인 객체로 인식한다면 이들과 협력해 사회적 이슈를 해결하면서 경쟁력을 확보할 수 있는 소중한 기회를 놓칠 수도 있다. 따라서 적극적인 자세로 협력사들을 CSO 활동에 동참시켜 클러스터를 형성할 수 있어야 한다.

STX의 상생 클러스터 전략도 주목할 만하다. 이 회사는 'STX 멤버스'를 출범시켜 협력 프로그램을 실천하고 있다. 우리은행과 조성한 상생펀드를 통해 저리 우대금리로 협력사에 자금을 지원하는 한편 네트워크론으로 우수 협력업체에 생산자금을 지원한다. 또한 수입 부품의 국산화를 위한 지원, 협력업체의 생산성 향상을 위한 경영 컨설팅, 구매를 조건으로 한 신제품 개발 사업, 주요 원자재 단가 연동제 등 중소기업과의 동반성장을 적극 추진하고 있다. STX는 협력업체들과 공동 투자, 기술 공동 연구를 통해 납품되는 제품의 경쟁력을 강화하고 서로 신뢰를 쌓으면서 발전적인 관계를 만들어나가고 있다.

CSO 클러스터란 관련 비즈니스 종사자들만이 아니라 학계나 정부를 비롯한 모든 사회적 주체를 포함한다고 볼 수 있다. 따라서 기업과 긴밀하게 연결된 대학이나 NGO 및 관련 정부 부처가 모두 클러스터의 구성원이 되어야 한다. 휴렛팩커드의 쿠팜 프로젝트 또한 지방자치기구와 연대해 주민들의 자립을 지원한 사업이다. 휴렛팩커드로서는 현지에서 빠르게 적응하면서 시행착오를 줄일 수 있었다.

기업과 학계와 클러스터를 이룬 대표적인 예는 2005년 IBM이 개발한 '그리드 컴퓨팅Grid Computing' 시스템 개발을 꼽을 수 있다.[20] 이는 지리적으로 분산된 컴퓨터 시스템과 대용량 데이터 베이스, 첨단 실험 장비 등을 고속 네트워크로 연결해 어디서나 공유하고 사용할 수 있는 디지털 신경망 구조와 같은 차세대 인터넷 서비스다. IBM은 이러한 그리드 컴퓨팅을 활용해 세계 최대 공공 그리드인 '월드 커뮤니티 그리드World Community Grid'를 주도하고 있다. 이는 PC 혹은 업무용 컴퓨터의 유휴 자원을 모아 공공의 목적을 위해 설립됐다.

이 과정에서 IBM은 미국 텍사스 의대와 시카고 대학 연구진과 클러스터를 형성했다. 뎅기열, 웨스트나일 뇌염, C형 간염 등 오늘날 전 세계적으로 유행하는 치명적인 전염병의 확산을 막기 위한 프로젝트를 시행하기로 한 것이다. '뎅기열 치료약 찾기' 프로젝트는 월드 커뮤니티 그리드의 방대한 컴퓨팅 능력을 활용해 실행됐다. 먼저 각 연구자들이 실험실과 병원에서 철저한 컴퓨터 분석을 바탕으로 바이러스 복제를 막는 치료약의 효과를 확인하는 테스트를 수행해나갔다. 연구자들은 바이러스 복제를 가능하게 하는 주요 단백질을 분석하고자 바이러스 복제를 억제하는 600만 개 이상의 약품 분자 데이터 베이스를 일치시키는 작업을 해나갔다.

연구자들은 효과적인 치료 약품 개발에 약 5만 년의 컴퓨팅 시간이 소요된다고 예상했으나 월드 커뮤니티 그리드를 통해 1년 안에 해결할 수 있었다. IBM은 월드 커뮤니티 그리드를 통해 기술력을 진단할 수 있었으며, 이를 상용 고객들에 대한 마케팅 수단으로 유용하게 활용할 수 있었다. 결과적으로 학계 및 병원 등의 시설과 클러스터를 형성함으로써 보다 효과적인 CSO 활동을 벌인 것이다. 이렇듯 기업이 여러 다른 기관과 클러스터를 형성할 경우 시너지 효과를 통해 예상을 뛰어넘는 결실을 볼 수 있다.

기업이 정부와 함께 클러스터를 이루어 성공적인 CSO 활동을 벌인 사례도 있다. 휴렛팩커드는 지역의 행정을 담당하는 정부 부처와 개인 사업자들과 강력한 네트워크를 구축해 견고한 인프라와 지역사회의 디지털화에 도움이 되는 사업들을 전개했다.[21] 지역마다 강력한 네트워크의 클러스터에서 제공되는 IT 관련 센터들을 보유하고 있으며 IT 기술에서 소외된 계층을 지원해 디지털 격차 해소에 큰 도움을 주었다.

특별히 남 캘리포니아 원주민 커뮤니티에서는 디지털 빌리지 프로젝트Digital Village Project를 통해 IT 교육을 제공함으로써 인디언들을 위한 일자리까지 창출했다. 정부기관과 NGO는 휴렛팩커드의 프로젝트에 적극적으로 참여했다. 이러한 협력 활동을 통해 휴렛팩커드는 제한된 비용으로 보다 생산성이 높은 멀티유저 데스크톱 컴퓨터 솔루션을 제공할 수 있게 되어 제품의 품질 향상을 도모하고 새로운 경쟁력을 마련할 수 있었다.

해당 지역에 가장 적합한 파트너, 누구보다 적극적으로 참여할 파트너를 선별해 지역 CSO 클러스터를 형성한다면 실제적인 도움을 받을 수 있다. 특히 다국적 기업에는 이러한 클러스터 형성 경험이 향후 시장을 개척할 때 해당 지역에 대한 마케팅이나 생산 등에도 중요한 영향을 끼칠 수 있으므로 더욱 적극적으로 나설 필요가 있다.

성공적인 CSO 클러스터의 조건

지역사회 구성원들과 긴밀한 CSO 클러스터를 형성하기 위해서는 우선되어야 할 것이 있다. 클러스터 안에서도 앞서 제안한 성공적인 CSO 방법들이 반드시 적용되어야 한다.

먼저 기업은 지역사회 내에서 발견할 수 있는 사회적인 격차나 어려움을 겪는 부분에 대해 명확히 파악할 수 있어야 한다. 예를 들어 물류 부분이나 공급자, 유통 채널, 시장 등의 요소에 특별히 관심을 기울인다면 이러한 부분에서 지역사회가 가지고 있는 부족한 부분을 발견할 수 있을 것이다. 이와 더불어 현재 기업의 생산성과 성장을 가장 크게 저해하는 요소들에 대해 초점을 맞추어야 할 것이다.

이러한 공통적인 취약 부분을 타깃으로 삼은 후에는 기업과 사회가 협력했을 때 비용 절감 효과가 가장 큰 방법을 선택해야 한다. 각자의 위치에서 어떤 사회 구성원들과 팀을 꾸렸을 때 비용이 적게 들면서 큰 효과를 낼 수 있는지 면밀히 분석해서 CSO 활동을 벌여야 할 것이다.

클러스터를 형성할 때는 사회와 가장 직접적으로 밀접하게 소통하는 데 주안점을 둬야 한다. 한 기업이 너무 다양한 분야에 걸쳐 지역사회에 영향을 끼치려고 하면 오히려 그 효과가 떨어지게 된다. 또한 의사소통의 통로를 제한하지 않도록 주의해야 한다. 기업이 해당 지역사회에서 전략적인 CSO 활동으로 윈윈 하고자 한다면, 가장 긴밀하게 소통할 수 있는 채널을 열어놓고 활용할 수 있어야 한다. 기업이 너무 혼자서만 주인공 의식을 갖는다면 진정한 소통이 불가능할뿐더러 사회의 문제도 해결될 수 없다.

나아가 기업은 궁극적으로 사회의 수혜자들이 자립할 수 있도록 협조해야 한다. 기업은 해당 지역이 기업의 지배에 고통 받지 않으며 스스로의 능력을 키워 건강한 사회를 이룰 수 있도록 지원하는 것이 바람직하다.

기업이 지역사회 구성원과 연대해 CSO 활동을 벌이지 않고 독자적으로 판단하고 팀을 구성할 경우, 시간이 지남에 따라 기업 위주의 활동으로 점점 기울어지는 우를 범하기 쉽다. 클러스터를 통해 기업과 사회는 가장 적합한 분야에서 가장 적합한 파트너들과 활동하는 기회를 얻을 수 있다. 결과적으로 이러한 CSO 클러스터를 성공시킨다면 기업과 지역사회 모두가 만족할 만한 이익을 누리게 된다.

대한민국 대표 착한 기업
유한킴벌리의 다음 행보는?

얼마 전 수업 중에 재미있는 이야기를 들었다. 미국 교포인 한 학생이 최근까지 아무런 의심 없이 유한킴벌리가 임산업을 하는 기업인 줄 알았다는 것이다. 처음에는 엉뚱하게 들렸지만 다시 생각해보니 그럴 수도 있겠다 싶었다. '우리 강산 푸르게 푸르게' 캠페인이 워낙 유명하기 때문이다.

유한킴벌리는 1970년 설립된 한국의 대표적인 소비재 기업으로서 뽀삐, 크리넥스, 하기스, 화이트 등 일반 소비자에게 친숙한 브랜드를 가지고 있으며 병원 및 산업 위생 분야에 진출해 있다. 그러나 유한킴벌리가 가지고 있는 가장 친근한 이미지를 떠올리자면 1984년부터 시작된 '우리 강산 푸르게 푸르게' 캠페인을 들 수 있다.

유한킴벌리는 이 캠페인을 통해 한국능률협회컨설팅이 실시하는 '한

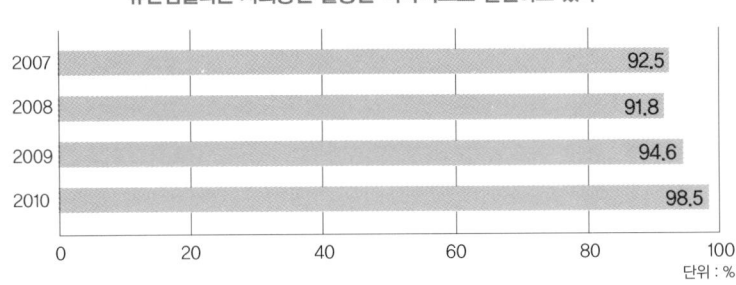

| 그림 3-6 | 이해관계자 중 지역사회 대상 조사: 유한킴벌리의 사회공헌

"유한킴벌리는 사회공헌 활동을 적극적으로 실천하고 있다"

국에서 가장 존경받는 기업' 조사에서 9년 연속 선정되기도 했다.[22] 또한 2010년 유한킴벌리가 자체적으로 실시한 설문 조사[23]에서는 [그림 3-6]과 같은 결과를 얻기도 했다. 그림을 통해 알 수 있듯이 지역사회를 대상으로 유한킴벌리의 사회책임 활동에 대해 물었을 때 매년 90% 이상이 유한킴벌리가 사회공헌 활동을 매우 적극적으로 하고 있다고 평가했다.

푸른 숲에 투자한 성과

유한킴벌리는 오랫동안 국내 기업의 사회적 책임을 적극적으로 선도하며 다양한 분야의 활동으로 입지를 넓혀가고 있다. 그럼에도 불구하고 회사 차원에서 가장 집중하고 있는 대표적인 활동은 우리 강산 푸르게 푸르게 캠페인이라고 할 수 있다. 나무 심기, 학교 숲 운동, 장기

조림사업, 환경 체험 교육 등 숲과 관련된 여러 가지 활동을 펼치고 있는데 직접적인 수혜 대상인 지역사회를 비롯한 일반 소비자는 이러한 사회책임 활동을 상당히 높게 평가하고 있다. 그 결과 유한킴벌리는 국내 굴지의 대기업들도 얻기 어려운 명성과 좋은 평판을 얻었다.

우리 강산 푸르게 푸르게 캠페인에 대한 인지도는 유한킴벌리가 보유한 제품 브랜드의 가치를 넘어설 만큼 높아졌으며 무엇보다도 우리 산을 푸르게 가꿔주는 깨끗하고 착한 기업이라는 이미지를 심어줬다. 기저귀, 여성용품, 휴지 등 위생 제품을 만드는 기업으로서 이런 깨끗한 이미지는 큰 이점이라 할 수 있다.

이를 통해 보았을 때 유한킴벌리의 사회책임 활동은 CSO의 네 가지 단계에서 세 번째 단계인 '이미지 제고를 위한 CSO'를 성공적으로 수행하고 있다고 평가할 수 있다. 즉, 유한킴벌리는 우리 강산 푸르게 푸르게 캠페인을 통해 깨끗하고 자연 친화적인 브랜드 이미지를 강력하게 구축할 수 있었다. 그러나 과연 '착한 기업'이라는 이미지로 충분할까?

기업의 본질에 관한 이야기를 좀 더 해보자. [그림 3-7]은 유한킴벌리의 윤리성과 혁신성에 대해 질문한 결과다. 그런데 혁신성에 대한 설문조사 결과는 사회책임 활동에 관해 긍정적인 대답이 90% 이상이었던 앞의 응답 비율에 비해 다소 수치가 떨어진다.

사원뿐만 아니라 다른 이해관계자들도 윤리성보다 혁신성 면에서 유한킴벌리를 낮게 평가했다. 또 하나 눈여겨볼 만한 것은 사원이나 지역사회보다 고객의 응답은 윤리성과 혁신성에 대한 질문에 대해 더 낮

| 그림 3-7 | 이해관계자 대상 조사: 유한킴벌리의 윤리성과 혁신성

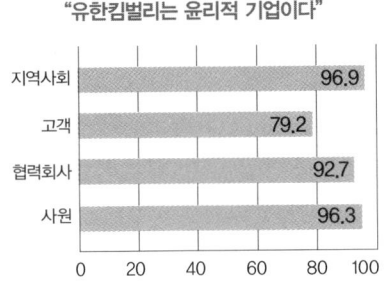

"유한킴벌리는 윤리적 기업이다"

구분	수치
지역사회	96.9
고객	79.2
협력회사	92.7
사원	96.3

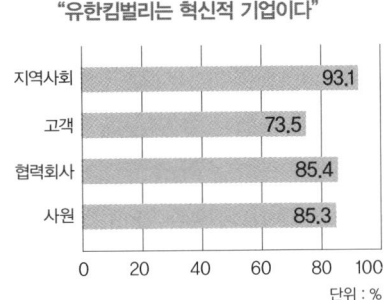

"유한킴벌리는 혁신적 기업이다"

구분	수치
지역사회	93.1
고객	73.5
협력회사	85.4
사원	85.3

단위 : %

은 수치를 보이고 있다는 것이다. 윤리성에 대한 질문에는 79.2%가 그렇다고 응답했으며 혁신성에서는 73.5%가 동의했다. 물론 둘 다 낮은 수치는 아니지만 상대적으로 사원이나 지역사회의 응답 비율보다는 확실히 낮다. 유한킴벌리의 사회책임 활동은 기업 이미지 제고에는 성공했지만 이를 실질적인 경쟁력과 연관시키는 데는 그리 성공적이지 않다고 볼 수 있다.

유한킴벌리는 현재 국내 기업 중에 착한 기업에서 스마트 기업으로 거듭날 수 있는 잠재력과 미래의 위상이 기대되는 회사다. 유한킴벌리는 이제 이미지 제고를 넘어서 그 다음 단계인 경쟁력 창출을 위한

| 표 3-2 | 경쟁력 강화를 위한 CSO의 4단계 전략

1 경쟁 분야	기업이 가장 자신 있는 분야를 선택한다.
2 생산요소	해당 분야의 가치사슬에서 취약한 부분을 파악한다.
3 시장 수요	취약점을 해결하는 과정과 사회책임 활동을 연결한다.
4 관련 분야	이해관계자들과 클러스터를 구성해 문제해결에 나선다.

CSO의 단계로 발전해나가야 한다. 그 방법은 [표 3-2]과 같이 구체적으로 실현할 수 있을 것이다.

스마트 기업으로 가는 길

유한킴벌리는 거의 30년 동안 4000만 그루 가까이 나무를 심을 만큼 엄청난 자원을 들여 사회적 책임 활동을 벌여왔다. 하지만 냉정하게 말하자면 유한킴벌리의 우리 강산 푸르게 푸르게 캠페인이 기업의 가치사슬과 밀접한 관계가 있는 것은 아니다. 물론 펄프를 많이 사용하는 회사로서 주 원료인 나무를 가꾸고 지키는 데 일조하고자 하는 노력은 브랜딩의 일환으로 볼 때 의미 있는 마케팅 활동일 수도 있다. 하지만 구체적인 제품 생산과정과는 특별히 연관이 없는 사업에 오랫동안 많은 자원을 동원해 집중해온 것이 사실이다.

최근 몇 년 전부터는 가치사슬의 단계에 따른 CSO 활동으로 전향하려는 움직임을 보여주고 있기는 하지만* 사회의 환경보호 필요성과 기업의 가치사슬 단계의 취약점이 접점을 이루어 보완, 성장했다고 보기엔 이르다. 유한킴벌리는 가치사슬을 바탕으로 한 CSO를 실행하기 이전에 경쟁력 측면에서 더욱 고민이 필요하다고 본다.

---

* 물류 투입 단계인 펄프 구매 시 환경 친화적인 제조공정으로 생산되는 펄프 또는 친환경 산림 인증을 취득한 펄프만을 구입하는 녹색 구매 정책을 실천하기 시작했다. 물류 산출 단계에서는 2008년 유럽에 수출하는 크리넥스 티슈 원단에 대해 지속 가능한 산림 인증 중 하나인 FSC 인증을 취득했다.

이미 위생 상품 제조업에서 상당한 규모를 갖춘 기업이지만 향후 더욱 강력한 경쟁력을 확보하기 위해서는 각 단계의 가치사슬을 면밀하게 살피고, 사회적 니즈와의 연관성을 생각해야 한다. 우리 사회가 풀어나가야 할 이슈, 사회적 니즈가 '환경보호'에만 있는 것은 아니다. 유한킴벌리의 가치사슬 취약점을 찾아서 사회적 요구와의 접점을 폭넓고 깊이 있게 생각해볼 때 새로운 전환점을 맞게 될 것이다.

일반 소비자는 깨끗한 환경과 푸른 숲이 우리 삶에서 중요한 부분이라고 생각한다. 우리 강산 푸르게 푸르게 캠페인을 통해 평소 유한킴벌리에 대해 호감을 갖고 있는 사람도 많고 이왕이면 착한 기업의 제품을 구입하겠다는 사람도 많다. 하지만 대형 할인매장이나 소매점의 진열대 앞에서는 상황이 달라질 수도 있다. 첫아이를 낳아 누구보다도 육아에 관심이 많은 새내기 엄마 K씨. 그녀는 기저귀 코너 앞에 서서 고민한다. 행여 아기 피부에 나쁜 소재가 사용된 건 아닌지, 생활비에 견주어볼 때 제품 가격이 비싼 것은 아닌지 여러 가지가 고민스럽다. 회사원 L씨는 총무과에서 구매를 담당하고 있다. 사내에서 사용하는 위생용품 조달도 그의 업무 중 하나다. 전사적으로 사용되는 물품이기에 비용 면에서 얼마나 저렴한지가 구매 선택의 관건이다. 그렇다고 기능이 떨어지는 것은 아닌지 여러모로 신경 써서 고르게 된다.

이렇듯 위생용품을 구입하는 소비자의 실질적인 사회적 니즈는 '푸른 숲'과는 직접적인 연관성이 없다. 오히려 그들에게는 위생용품 자체의 안전성, 품질 및 가격에 관한 사항이 직접적으로 영향을 끼친다.

결국 기업은 제품으로 승부가 갈리는 것이다. 그러므로 소비자를 위한 사회적 니즈는 제품에 반영되어야 한다.

　나아가 유한킴벌리의 제품과 연관된 보건과 위생에 관한 전 세계적인 시장 요구와 사회적 니즈도 엄청나다. 유한킴벌리는 좋은 품질의 유아용 위생용품, 병원용 위생용품, 산업용 위생용품이 절실히 필요한 다른 국가들의 사회적 니즈를 발견해 도움을 줄 수 있으며, 이는 새로운 시장 개척이라는 측면에서도 좋은 효과를 기대할 수 있다.

　유한킴벌리는 사회의 니즈와 기업의 경쟁우위 분야에서 접점을 찾아야 한다. 최근 들어 실제로 이러한 시도를 하고 있기도 하다. 유한킴벌리는 2007년에 우리 강산 푸르게 푸르게 활동을 경쟁우위로 활용해 새로운 제품을 출시했다. 이제는 푸른 숲을 살리는 조림 활동 자체가 유한킴벌리가 제일 잘하는 일 가운데 하나가 된 것이라고 분석할 수 있다. 과거에는 비관련 분야에 주력했던 것이라면 시간이 흘러 관련 활동 분야로 편입된 나무 심기 활동을 이제는 보다 전략적으로 활용하기 시작한 것이다.

　스킨케어 브랜드 '그린핑거Green Finger'가 그에 관한 사례다. 유아와 어린이를 타깃으로 한 그린핑거는 클렌징 비누, 보디로션 등의 제품 라인을 갖고 있다. 우리 강산 푸르게 푸르게 캠페인에서 아이디어를 얻어와 모든 제품에 숲의 좋은 물질을 함유시켜 기능을 강화했다. 오랜 시간에 걸친 테스트를 통해 편백나무 추출물과 보습 식물로 구성된 '아기피부 산림욕 성분Skin Forest Complex TM'을 개발했고, 현재 피톤치드 워터, 연꽃 추출물, 대나무 수액 등에서 얻은 성분을 이용해 제품을 생산하는 한편 마케팅도 숲과 관련지어 진행하고 있다.[24] 이는 유한킴벌리가 제일 잘할 수 있는 것을 선택, 공략해서 일궈낸 결과다.

유한킴벌리는 계속해서 업종 특성, 현재 핵심역량과 미래 가치에 초점을 두고 사회적 니즈와의 접점을 찾아 제일 잘하는 것에 집중해야 한다. 기존의 사회책임 활동을 통해 축적해놓은 경쟁우위도 있을 것이다. 유한킴벌리가 보유한 푸른 숲 이미지, 지금까지 잘해온 조림 사업으로 어떠한 사회적 니즈를 찾아 해결해나갈지, 어떻게 기업의 경쟁력까지 얻을 수 있을지 그 행보가 기대된다.

유한킴벌리는 파트너십의 중요성을 잘 알고 있는 기업이다. 이미 기업, 산림청, NGO, 전문가 등과의 파트너십을 통해 사회책임 활동을 실천한 사례가 있다. 그러나 이제까지의 협력은 지역에 기반을 둔 클러스터의 성격보다는 여러 활동 주체를 하나로 모은 연합 운동체 설립의 성격이 강하다. 만일 유한킴벌리가 보다 효과적인 CSO를 위해 지역 기반의 CSO 클러스터를 형성한다면 큰 성공을 거둘 수 있을 것이다.

유한킴벌리는 이미 킴벌리클라크의 일본, 중국, 대만, 홍콩, 몽골 등 동북아시아 경영 협력 관계에서 선도 기업으로서의 위상을 확고히 하고 있다. 킴벌리클라크 차이나에 자사의 노하우와 경쟁우위를 전파해 킴벌리클라크 차이나의 기반을 탄탄히 구축한 바 있으며, 킴벌리클라크의 라이선싱 형태 회사인 일본의 크레시아는 R&D, 여성용품 등의 지원을 시작으로 유한킴벌리의 경영 혁신 모델을 중심으로 한 지원 체계를 구축해 큰 성공을 거둔 경험이 있다.[25] 만일 유한킴벌리가 이러한 경험을 바탕으로 사회책임 활동에서도 지역사회와 클러스터를 조성한다면 더욱 큰 시너지 효과를 낼 수 있을 것이다. 또한 킴벌리클라크 동북아시아를 넘어 글로벌 경영과 해외 진출을 목표로 한다면 더 큰 발전도 충분히 가능할 것이다.

착한 기업 유한킴벌리는 한 단계 더 나아가 스마트 기업이 될 수 있다. 이는 비단 유한킴벌리만의 이슈가 아니다. 이제 우리 기업들은 새로운 경쟁우위와 외면할 수 없는 사회책임 활동과 관련해 무수한 선택을 해야 할 것이다. 국내시장을 넘어 세계시장에서도 한국 기업들은 뛰어난 경쟁우위를 보여주고 있다. 많은 한국 기업이 지속가능경영 보고서를 해마다 발표하고 있으며, 윤리경영을 넘어서는 사회공헌 활동을 시도하고 있다. 어떤 방법으로 무엇을 위해 기업을 꾸려갈 것인가? 멍청한 기업은 결코 살아남을 수 없다. 이기적 기업이라는 오명은 반드시 벗어야 한다. 착한 기업으로는 충분치 않다. 이제 스마트 기업으로 나아가야 한다.

'그 나물에 그 밥' 식의 공헌은
안 통한다

지금까지 기업의 사회적 책임을 수행하는 방법에 대해 살펴보았다. 다시 한 번 강조하자면 기업은 기본적으로 착해야 한다. 하지만 이를 위한 전략마저 착해서는 안 된다. 사회에 도움을 주고자 하는 선한 목적을 가지고 있더라도 이윤 창출이라는 기업의 본질을 잊어서는 안 된다.

이를 위해 기업은 다음 두 가지를 철저하게 분석할 필요가 있다. 첫째, 기업 활동 또는 이와 관련해 일어나는 문제점을 찾는다. 내부적으로는 가치사슬 내에서 일어나고 있는 문제점을, 외부적으로는 기업 활동에 부정적인 영향을 끼치고 있는 사회문제들을 찾아내는 것이다.

둘째, 기업의 핵심 경쟁력을 파악한다. 자사가 보유한 독보적인 기술이나 전문성을 가지고 앞서 찾아낸 문제점을 어떻게 해결해나갈지 살펴야 한다. 그러다 보면 자연스럽게 핵심 경쟁력을 최대한 활용하게 되고 사회책임 활동은 기업의 경영전략에 자연스레 스며들게 된다.

이 두 가지가 잘 이뤄진다면 효과적인 사회책임 활동을 기대할 수 있다. 기업은 자사의 경쟁력을 바탕으로 사회책임 활동을 행하기 때문에 자원을 효율적으로 활용하게 되고 기업의 자원을 가장 필요로 하는 분야에 도움을 주기 때문에 사회적 효과 역시 클 것이다. 무엇보다 바람직한 것은 사회적 수혜자의 자립을 돕는 것이다. 일방적인 도움을 받는 수혜자가 아닌 스스로 경쟁력을 키우는 수혜자가 되도록 도움을 주는 것이다.

중소기업은 사회공헌 못하나?

기업의 사회적 책임을 논할 때 본보기로 언급되는 기업들은 대기업이나 글로벌 기업이 많다. 그렇다면 중소기업의 경우 기업의 사회적 책임과 CSO의 실행 전략은 그저 먼 나라 이야기일 뿐일까? 물론 그렇지 않다. 규모가 크지 않은 기업들도 전략적으로 CSO를 실천할 수 있다. 하지만 아쉽게도 그에 대한 국내 사례는 그리 많지 않다.

현재 대다수 중소기업은 대기업의 협력회사로서 사회적 책임 활동의 대부분이 고객사의 요구에 의해 이뤄지는 '공급망 CSR*Supply Chain CSR*'의 유형으로 시행되고 있다.[26] 이러한 경우 고객사의 요구가 곧 사회 압력

---

* 최종 제품을 판매하는 회사가 협력업체들이 초래한 법, 인권, 근로 여건 등의 문제로 비난받지 않도록 공급망을 관리하는 것.

이자 위기로 해석될 수 있기 때문에 '생존을 위한 CSR' 활동을 하고 있다고 볼 수 있다. 게다가 기업의 사회적 책임에 관한 국제기구의 규제가 강화되는 추세이고 중소기업에도 이에 대한 책임을 묻고 있기에 '따라야 하니까, 대세니까 따른다'고 생각하는 중소기업이 많다. 여기서 한 걸음 더 나아가 '자기만족을 위한 CSR'을 실천하는 중소기업도 종종 찾아볼 수 있다. 규모가 작은 만큼 기업가의 리더십이나 개인적인 철학이 조직에 큰 영향을 끼칠 수 있기 때문이다.

작은 규모의 회사라도 기업 평판을 좋게 만들고 경쟁력을 창출하는 CSO를 성공적으로 수행할 수 있다. 중소기업들은 적지 않은 돈을 기부하면서도 대기업과의 금액 차이 때문에 심리적으로 위축되어 있을지도 모른다. 하지만 CSO는 회사 규모와 관계 없이 기업과 사회 상호 간의 공유 가치를 얼마나 창출하느냐의 문제다. 전략적인 사회책임 활동을 통해 중소기업은 새로운 성장 발판을 마련할 수 있으므로 사업적으로 중요한 기회로 삼고 추진해볼 만하다.

경쟁력 창출을 위한 CSO의 단계로 발전해가고 있는 한 국내 중소기업이 있다. 의료기기 제조업체인 '나노엔텍'이라는 회사다.

2007년 태안 원유 유출 사고 이후 태안 지역 주민들은 피해 복구를 위한 기름 방제 작업에 참여했다. 그런데 2010년 3월, 방제 작업 참여자를 비롯해 태안군 주민 사이에서 암 환자가 급증하고 있다는 사실이 밝혀졌다. 이에 주민들의 우려가 높아졌고 주요 의심 질환에 대한 지속적인 검사와 치료가 시급했다. 하지만 태안군의 의료 환경은 매우 열악했다. 보건의료원이 1곳뿐이었고 다른 소단위 진료소에서는 간단한 질환에 대한 진단과 처방만 가능한 실정이었다.

나노엔텍은 이에 대한 해결 방안의 일환으로 '상상 만들기 캠페인'을 제안했다. 나노엔텍이 개발, 생산한 현장 진단 의료 장비인 프렌드 FRIEND는 기존의 대형 검진 장비와는 다르게 크기가 작은 데다 사용법이 간단해 5분이면 검사 결과를 알 수 있다. 나노엔텍은 프렌드를 태안군에 제공해 주민들을 위한 무료 검진 캠페인을 추진했다. 그리고 태안군의 전 지소 및 진료소 총 22개소를 방문해 전립샘암 무료 검진을 실시했다.

그 결과 많은 환자가 조기 진단 덕분에 완치 및 치료가 가능했는데 이를 통한 의료비 절감 효과 또한 엄청났다. 55세 이상의 태안군 남성 1만 명을 검진한다면 상상 만들기를 통해 30억 5000만 원의 사회·경제적 비용 절감이 가능하다고 추정할 수 있다. 이는 CSO를 통해 능동적 의료 복지 모델을 발견했다는 것을 의미한다. 이후에도 나노엔텍은 태안군 내 의료원 및 진료소에 프렌드, 혈액검사 보조장비 등을 지원해 상시 검진할 수 있도록 하고 있다.

나노엔텍의 CSO 활동은 태안군 주민 건강에 대한 우려를 해소하는 데 기여함으로써 사회문제를 적극적으로 해결했다. 나아가 이 캠페인을 통해 자사 제품인 프렌드를 이용한 의료 복지 서비스 모델을 발견하게 됐다. 제품과 서비스 모델에 대한 실효성을 입증할 수 있는 기회가 되기도 했다. 민간 기업과 공공 기관 등으로부터 높은 관심을 받은 것은 물론이다. 태안에서의 CSO를 통해 2011년 2월에는 SK텔레콤으로부터 진단 사업 부문에서 250억 원의 투자금을 확보했다. 이로써 나노엔텍은 작은 규모에도 불구하고 핵심역량을 적극 활용한 사회공헌 활동으로 사회의 문제를 적극적으로 해결했을 뿐만 아니라 자사의 경쟁력까지 높였다고 평가할 수 있다.

한때 한국의 주력 산업이었던 완구 산업은 1980년대에 들어서면서 중국 업체에 밀려 내리막길을 걷게 되었다. 당시 대부분의 국내 업체들은 OEM주문자생산방식을 통한 완구 제조에 의지해 많은 비용을 캐릭터 로열티로 지불하면서 국내 인건비 상승으로 이중고를 겪고 있었다.

캐릭터 디자인 및 완구 제조업체 '오로라월드'는 이러한 비즈니스 환경의 변화를 직시하고 자체 캐릭터 및 브랜드를 만드는 방식으로 사업을 전환했다. 그리고 캐릭터 상품에 대한 지적재산권 보호가 미흡하고 크기가 작았던 국내시장을 뒤로하고 넓은 해외시장으로 눈을 돌렸다. 이러한 노력에 힘입어 오로라월드는 미국 시장에서 인지도 2위, 러시아 시장에서 인지도 1위에 오를 수 있었다.

그러나 문제는 국내시장이었다. 국내시장의 환경이 좋아지고 그 크기도 커졌지만 오랫동안 해외 선진국 중심으로 사업을 펼쳤기에 10년 전만 해도 국내 시장점유율이 매우 낮았다. 당시로서는 해외시장에서 다진 브랜드와 디자인의 우수성을 우리나라 고객에게 알리는 것이 숙제였다. 오로라월드는 자사의 핵심 능력인 디자인을 활용한 CSO 활동으로 이러한 문제점을 극복하면서 사회적인 이익을 창출해오고 있다.

여러 가지 활동 가운데서도 고객들이 인형을 직접 만들어볼 수 있는 고객 방문 프로그램 '나만의 인형 만들기' 행사를 꾸준히 개최했다. 이

행사는 아이들은 물론 부모들에게도 멋진 추억을 남겨줄 수 있어 점점 입소문을 타면서 가족 단위 고객들의 관심을 모았다. 아이들은 자연스럽게 오로라월드의 인형 캐릭터들을 인지하고, 부모들은 오로라월드라는 브랜드를 기억하게 되었다.

오로라월드는 수년간 행사를 진행하면서 아이들이 캐릭터 못지않게 인형이 가지고 있는 촉감을 중요하게 여긴다는 점을 발견했다. 이에 오로라월드는 한국의 전통 장난감 오자미에서 힌트를 얻어 인형 속에 솜뭉치 대신 작은 콩을 집어넣으면 촉감이 좋을 뿐만 아니라 자유자재로 인형의 자세를 바꿀 수도 있어 아이들이 싫증을 덜 낸다는 것을 알게 되었다. 이를 활용해 출시한 상품이 '플럽시' 인형이다. 플럽시 인형은 한국은 물론 미국에서도 큰 인기를 끌면서 OEM 방식으로 수출할 때보다 3배에 달하는 이익을 가져다주었고, 미국 수출의 약 20%를 차지하는 효자 상품 노릇을 톡톡히 하고 있다.

인형을 기증하는 행사도 여러 차례 진행했는데, 이를 통해 아이들이 선호하는 성향도 파악할 수 있었다. 특히 여자아이들이 애완동물을 가방에 넣고 다니는 연예인들처럼 동물 인형을 가방 속에 넣는 것을 좋아한다는 사실을 알게 됐다. 오로라월드는 이를 곧바로 상품화했다. 이것이 또 하나의 히트작인 '팬시팔스'다. 조그만 가방에 동물 인형을 넣어 만든 이 상품은 기존의 다른 제품과 차별되어 큰 반향을 일으켰다.

한편 이 회사의 대표 인형인 유후는 멸종 위기 동물인 '부시베이비'를 모델로 한 것으로 유명하다. 오로라월드는 '유후와 친구들'이라는 브랜드로 뮤지컬, 애니메이션, 게임 등의 캐릭터 사업을 적극적으로 벌이면서 온오프라인으로 지구 사랑 캠페인과 환경 체험 프로그램을 진행해 눈길을 끌고 있다.

이렇게 오로라월드는 자사의 핵심역량을 십분 활용해 아이들과 부모들에게 기쁨을 주면서 새로운 디자인 아이디어를 얻고, 적극적으로 신상품을 개발해 시장점유율을 높이는 성과를 거두었다.

이제 사회적 책임은 대기업이나 글로벌 기업에만 해당되는 이야기가 아니다. '사업을 더 키운 다음에 나중에 해도 되지 않을까? 우리 같은 작은 회사가 사회를 위해 뭘 한다는 건 사치지' 하는 태도는 핑계일 뿐이다. 덩치가 큰 기업보다도 중소기업이 더 효율적으로 잘할 수 있는 분야도 있다. 단순 기부나 자선 활동에만 머물 것이 아니라 기업 경쟁력을 높일 수 있는 CSO 방안을 적극적으로 모색해야 할 것이다.

사회책임경영에도 연구와 개발이 필요하다

오늘날 기업의 사회적 책임 활동은 그 유형이 매우 단조롭다. 집 짓기, 환경보호, 교육, 건강 캠페인, 기부 등 몇 가지 공통적인 활동으로 집약될 수 있다. 이는 얼마든지 다른 기업에 의해 대체 가능한 일반적인 사회책임 활동이기 때문에 적지 않은 부작용도 발생한다. 즉, 기업의 사회책임 활동이 몇몇 수혜자 그룹에만 집중돼 수혜자 관점에서는 기업의 사회책임 활동이 여러모로 겹치게 되며 혜택에서 소외되는 비

수혜자들이 생겨나게 된다. 큰 그림으로 보면 기업의 사회책임 활동이 불균형적으로 이뤄지고 있음을 알 수 있다([그림 3-8] 참고).

　우리는 이것을 기억해야 한다. 각 기업은 그 기업만의 고유한 능력을 가지고 있다. 여기서 필자가 말하고자 하는 기업의 능력이란 단순한 재력 그 이상을 말한다. 각각의 기업은 기술, 문화 등의 경쟁우위를

| 그림 3-8 |　**일반적인 기업의 사회책임 활동**

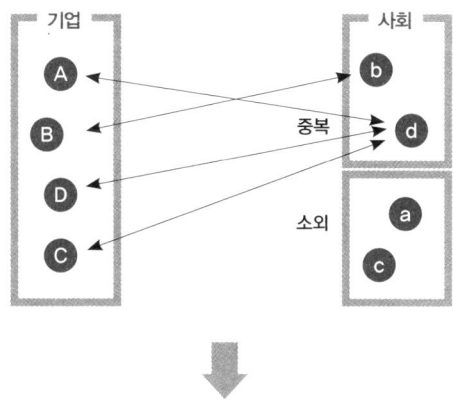

| 그림 3-9 |　**스마트 기업의 사회책임 활동**

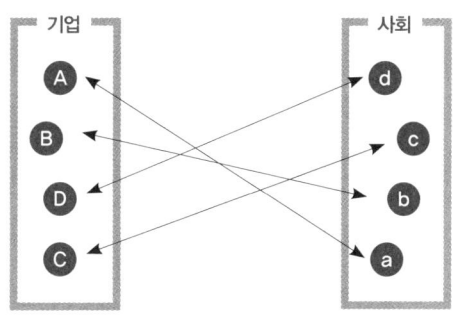

가지고 있다. 이런 기업의 특성을 적절히 이용한다면 질적인 측면에서 보다 전문적으로 사회에 도움을 줄 수 있다. 그런데도 기업들이 단순하게 '돈'으로만 사회책임 활동을 이행하는 것은 기업의 입장에서나 사회의 입장에서나 무척 아쉬운 일이다. 모든 사회적 문제는 마땅히 해결되어야 하겠지만 특정 문제에 관해서는 특정한 기업이 더 잘 해결할 수 있기 때문이다. 각 기업이 전문적인 능력을 바탕으로 고유한 사회책임 활동을 펼치면 [그림 3-9]에서와 같이 사회 전체가 혜택을 골고루 받을 수 있게 된다.

따라서 기업은 '좋은 게 좋은 거다'라는 생각에서 벗어나 어떤 사회책임 활동을 펼칠 때 기업과 사회가 모두 최대한의 혜택을 누릴 수 있을지 고민해야 한다. 그렇고 그런 뻔한 사회공헌 활동에 치중하기보다는 기업의 이익 창출과도 맞물리는 사회책임 활동을 적극적으로 찾아야 한다는 것이다.

오늘날 기업의 사회책임 활동을 살펴보면 이윤을 추구하는 경제적 활동과 사회에 공헌하는 활동이 확연히 구분되어 있다. 암묵적으로 두 활동을 구분하다 보니 기업의 사회적 책임은 비용과 시간의 '부담'으로 다가온다. 그러한 이유로 기업에서 사회책임 활동을 전략적으로 펼친다 해도 그 비중을 최소화하려 노력할 수밖에 없으며, 결론적으로 그 활동들은 특색을 잃고 단순한 패턴으로 굳어지게 된다. 기업의 사회적 책임이 부가적인 활동으로 간주되기 때문이다.

그러나 기업의 첫 번째 책임인 이윤 추구와 그 외의 사회적 책임은 분리할 필요가 없다. 사회적 책임만을 위한 전략을 세우기보다는 이윤 추구 활동 중 하나와 연결할 수 있을 것이다. 제품을 생산할 때 사회적 책임도 자연스럽게 행하게 되게끔 말이다. 그게 가능하다면 기업의 사회적 책임 활동을 좀 더 효율적이고 장기적으로 수행할 수 있는데 아직까지 많은 기업이 이를 잘 모르는 것 같다.

기업의 경제적인 활동과 사회적인 활동을 통합해 바라보는 것이 곧 '경쟁력 강화를 위한 CSO'다. 이 경우 기업의 사회책임 활동은 기업의 실질적인 경제활동과 관련이 깊으며 이에 따라 기업은 사회적 책임을 수행하기 전에 반드시 고유의 경쟁우위를 생각해야 한다. 이러한 흐름을 거쳐 시행되는 CSO는 '기업에 의해(BY the corporation)' 이루어지는 사회책임 활동으로 그치지 않고, '그 기업의(OF the corporation)' 사회책임 활동으로, '그 기업과 사회 모두를 위한(FOR the corporation and society)' 사회책임 활동으로 거듭나게 된다.

예전에는 기업이 사회공헌을 이것저것 많이 하는 데 치중했지만 이제는 좀 더 혁신적이고 선도적인 방식으로 수행하는 것이 중요해졌다. 최근 들어 참신한 방법으로 사회책임 활동을 펼치는 기업들이 눈에 띄고 있다.

적은 돈을 들이고도 사회적 효과를 높인 사례로 금호아시아나를 들 수 있다. 금호아시아나는 유니세프와 함께, 국내외 노선을 이용하는 승객들로부터 동전을 모아 도움이 필요한 사회에 돌려주는 사회책임 활동을 벌이고 있다. 처음엔 단순히 불우이웃을 돕는 목적으로 시작되었지만 지난 12년 동안 30억 원에 달하는 동전을 모아 아프리카와 같은 낙후된 지역의 어린이들을 도와주는 등 다양한 활동을 성공적으로 수행하고 있다. 이러한 아이디어 전략은 본받을 만하다. 다만 이러한 활동이 사회적으로 얼마나 도움이 되는지 그리고 기업의 경쟁력 강화에는 얼마나 효과가 있는 것인지에 관해서는 더욱 더 정교한 분석이 필요할 것이다.

보통 한 기업에서 사회책임 활동을 한 가지만 하지는 않는다. 소외 계층 지원, 환경, 교육, 문화, 예술 등 여러 분야에 대해 여러 가지 방법으로 사회공헌을 할 수 있다. 그러나 어떤 전략으로 무슨 CSO 활동에 주력할지에 대해서는 '선택과 집중'이 필요하다.

예를 들어 SK텔레콤은 자사의 정보통신 기술을 활용해 실종된 아이의 사진이 포함된 메시지를 미아 발생 지역에 긴급 전파하는 방법으로 20여 명의 길 잃은 아이를 찾아주었고, 이후 이 서비스를 치매노인 및 실종자를 찾는 데까지 확대했다. 이러한 활동은 스위스 제네바에서 열린 국제전기통신연합International Telecommunication Union, ITU의 ITU-D에 소개되어 사회공헌의 새로운 모델로 눈길을 끌었다.

현대카드는 디자인 역량을 활용한 재능 기부를 통해 지속적인 사회공헌 프로젝트를 펼치고 있다. 서울역 버스환승센터 앞에 '아트 쉘터Art Shelter'를 만들어 서울시에 기증하는가 하면 '제주 올레' 길의 총 23코스마다 앙증맞은 조랑말 모양의 이정표를 설치해 광고 효과를 톡톡히 보고 있다. 현대카드·현대캐피탈이 소상공인의 자활을 지원해주는 '드림실현 프로젝트'는 디자인과 금융, 마케팅 컨설팅을 결합한 독특한 사회공헌 활동으로 평가받고 있다.

'물 살리기'에 초점을 둔 웅진코웨이의 사회책임 활동도 주목할 만하다. 충남 공주에 있는 3급수의 유구천을 1급수로 바꿔놓은 것이 대표적인 사례다. 임직원과 주민이 정화 작업에 나서는 한편 오염원인 농약과 축산 오폐수를 줄이는 데 힘썼다. 유기농으로 벼농사를 전환할 경우 직원들과 회사 구내식당에서 쌀을 전량 구입해주고, 수질오염을 줄여주는 자정식물도 심었다. 환경부, 공주시, 환경재단과 협력해 환경개선 사업을 벌인 결과 6년 만에 유구천은 1급수를 회복하고 천연기념물을 포함해 2000종이 넘는 동식물을 볼 수 있게 됐다. 웅진코웨이는 '유구천 가꾸기' 성과를 통해 친환경 기업으로서의 이미지를 확고히 다질 수 있었다.

한국공항공사도 기업의 특성을 살려서 다문화가정 지원사업을 벌이고 있다. 농촌이나 공항 소음 지역에 사는 동남아시아 출신자들에게 모국 방문 왕복 항공권과 체재비를 지원하는 한편 이들의 복지 증진과 한국 문화 적응에 도움을 주는 프로그램 운영과 다문화 영어마을 등의 사업을 지원하고 있다. 이러한 활동이 동남아 국가 현지 언론에 우호적인 여론을 형성하면서 캄보디아 정부가 '한국인과의 결혼 금지 조치'를 철회하게 만드는 데 일조했다.

이처럼 기업은 자사의 전문성을 가지고 다양한 분야에 도움을 줄 수 있다. 그리고 이를 통해 기업의 본업과 사회책임 활동 간의 시너지 효과가 일어나 서로 긍정적인 영향을 주고받게 된다.

끊임없는 피드백은 또 하나의 전략

사업을 하면서 어떤 프로젝트를 수행할 때 그 프로젝트가 끝났다고 거기서 만족하는 경우는 없다. 프로젝트의 전 과정에 대해 결과를 평가하고 그에 따라 향후 프로젝트의 진행 방향을 결정한다. 기업의 사회책임 활동 역시 마찬가지다. 사회공헌 활동을 시행했다고 거기서 끝나는 것이 아니라 제대로 이루어지고 있는지 확인하고 그 결과가 어떠했는지 평가하는 것이 중요하다. 검증과 관리가 이루어져야 그 전략을 계속 이어가는 것이 좋을지 판단할 수 있으며 더욱 적극적으로 사회책임 활동을 수행할 수도 있다.

경영자는 기업의 사회적 책임 활동이 올바른 방향으로 진행되고 있는지 확인하되 크게 멀리 내다보는 자세를 갖춰야 한다. 단편적인 사회공헌 성과들을 두루뭉술하게 나열하는 데 시간을 투자하기 쉬운데 그러다 보면 단기적으로 가시적인 효과를 보기 위해 조급해지게 된다. 그러나 전략적인 기업의 사회적 책임은 그렇게 짧은 기간에 결론이 나는 게 아니다. 장기적인 시각을 가지고 사회공헌에 대한 보고서 등을 작성해 활동 내역을 투명하게 공개하고 이를 매년 개선해나가는 노력이 필요하다.

기업의 사회적 책임을 효과적으로 평가하기 위한 구체적인 가이드라인을 [표 3-3]에 제시했다. 우선 첫째, 사회책임 활동을 시행한 후 그 결과가 윈윈 게임이었는지 제로섬 게임이었는지를 점검해야 한다. 기업의 이익을 단순히 사회로 옮기는 것에 그쳤는지 또는 기업과 사회가

| 표 3-3 | **사회책임 활동 평가를 위한 기준**

	일방적 나눔	상생적 가치 창출
결과	제로섬 게임	윈윈 게임
대상	일반적 사회문제	핵심 경쟁력 분야
목적	착한 시민	가치 극대화
전략	단순한 나눔	스마트 전략

동시에 가치를 창출했는지를 확인하는 것이다.

둘째, 기업의 사회책임 활동의 대상이 어떻게 선정된 것인지 확인해야 한다. 그저 일반적인 이슈, 트렌드에 맞춘 사회문제 중 하나를 선택한 것인지 아니면 기업의 핵심 경쟁력을 활용해 전략적으로 연관 지을 수 있는 분야를 택했는지 구분할 수 있다.

셋째, 그 목적이 단지 '착한 시민'이 되는 것이 아니라 '기업과 사회의 가치 극대화' 방향에 부합하는지 확인해야 한다. 그리고 마지막으로 기업의 사회적 책임 전략이 효율적이고 스마트했는지 점검해야 한다. 그러한 과정을 거치면 다음 번에 사회책임 활동을 할 때 더 적절한 전략이 무엇인지 알아낼 수 있다. 이렇게 기업의 관점에서 올바르고 정교한 평가가 이루어진다면 전략적인 CSO가 장기적인 관점에서 계획될 수 있고 기업과 사회 모두 혜택을 누릴 수 있을 것이다.

핵 심 정 리

● '이익을 희생하지 않으면서 기업의 사회적 책임을 효과적으로 수행할 수는 없을까?' 답은 가까이에 있다. 사회공헌을 할 때도 전공을 제대로 살려야 한다. 그래야 만족스러운 효과를 거둘 수 있다.

STEP 1 : 자신 있는 핵심 분야를 선택하라

우리 사회에는 해결되지 못한 이슈가 많이 있다. 그리고 기업에는 각각 제일 잘하는 분야가 있다. 아무리 훌륭한 기업이라도 잘하지도 못하고 관련도 없는 분야에서 사회책임 활동을 하면 기업에 별 도움이 되지 않을뿐더러 사회적인 효과 면에서도 성공적이지 못할 것이다. 따라서 기업은 스스로 지니고 있는 경쟁우위 분야에 집중해 사회와 기업 모두의 경쟁력을 높일 수 있는 전략을 펼쳐야 한다.

STEP 2 : 해당 분야의 가치사슬에서 취약한 부분을 찾아라

사회적 활동을 하면서 동시에 기업의 핵심 제품과 서비스의 품질을 향상시키려면 우선 기업 생산의 바탕이 되는 가치사슬을 분석해야 한다. 각 단계의 가치사슬을 분석해 기업 활동을 점검하는 과정에서 어떤 부분에서 경쟁력이 창출되는지, 어디서 문제가 생기는지 등을 총체적으로 분석할 수 있다. 기업을 경영할 때 가치사슬을 균형 있고 건강하게 유지하는 것은 매우 중요하다. 만약 가치사슬 내에서 자원 사용이나 건강, 안전, 노동, 환경 등에 관한 사회적 문제가 발생하면 상당한 비용을 치러야 할 뿐 아니라 기업의 제품과 서비스의 질이 떨어질 수 있다.

STEP 3 : 고객이 필요로 하는 사회적 이슈로 시장을 통찰하라

기존 방식으로 사회책임 프로그램을 진행하는 기업은 자사의 활동이 '고객 중심'의 기본 정신을 기반으로 하고 있다고 주장한다. 사회적 약자들을 돕고 세상을 행복하게 만드는 데 앞장서는 훌륭한 회사라는 점을 드러내고자 한다. 그러나 인터넷과 소셜 네트워크 서비스를 자유자재로 이용해 스스로 정보를 얻고 판단하는 소비자들은 기업의 홍보 자료에 더 이상 감동받지 않는다. 기업 활동은 결국 제품과 서비스로 판가름 난다. 고객 중심의 철학도 제품 및 서비스로 평가했을 때만 의미가 있다. 고객이 원하는 사회적 이슈를 염두에 두고 시장을 통찰하라. 그러면 기업 자신의 취약점을 해결하는 과정과 사회책임 활동을 연결 지을 수 있을 것이다.

STEP 4 : 다른 기관들과 CSO 클러스터를 형성하라

CSO 클러스터란 비즈니스 관련 종사자들만 포함하는 개념이 아니다. 학계나 정부를 비롯해 관련된 모든 사회적 주체를 아우른다고 봐야 한다. 따라서 기업과 긴밀하게 연결된 대학이나 NGO, 관련 정부 부처가 모두 클러스터의 구성원이 될 수 있다. 기업이 지역사회 구성원과 연대하지 않고 독자적으로 공헌 활동을 하게 되면 시간이 흐르면서 점점 기업 위주의 활동으로 기울어지기 쉽다. 클러스터를 통해 가장 적합한 분야에서 가장 적합한 파트너들과 함께하는 사회적 활동은 참여 기업과 관련 기관, 그리고 지역사회에 모두 이익을 가져다줄 수 있다.

기업의 사회적 책임은 기업의 새로운 기회다

기업의 사회적 책임은 트렌드를 넘어 필수 과제가 되었다. 요즘 소비자들은 기업의 사회적 책임을 충실하게 이행하는 착한 회사의 제품을 더 선호한다. 사회공헌 활동은 호의적인 기업 이미지를 만들어주며 인재들은 그런 회사에서 일하고 싶어 한다. 고로 이제는 착한 기업이 성공한다.

지금까지 우리 사회에서는 이와 같이 '기업은 왜 착해야 하는가'에 관한 논의가 주로 이루어졌다. 하지만 필자는 계속해서 "마음 착하다고 경영도 잘할까?" "왜 비슷비슷한 선행에 만족하는가?"라고 계속 질문을 던졌다. 사실 이 책은 착한 기업을 지향하는 기업과 착한 기업을 지지하는 소비자를 타깃으로 하는 책이라고 할 수 있다. 그들에게 착한 기업을 넘어 스마트 기업으로 나아가도록 설득하는 것. 이 책의 진정한 의미는 거기에 있다.

실제로 많은 기업이 다양한 방식으로 사회책임 활동을 수행하고 있지만 아직도 효과적인 방법이 무엇인지 찾지 못한 채 우왕좌왕하는 모습을 보이고 있다. '수익 창출에 악영향을 끼칠 수도 있는 선택인데 그래도 사회를 위해서라면 꼭 해야 하나?' 고심하고, '사회공헌 활동을 적극적으로 마케팅에 연결시키고 싶은데 그러면 소비자들이 거부감을 느끼지는 않을까?' 하고 망설인다. 그런가 하면 비즈니스와 전혀 관련 없는 자선 활동에만 노력을 쏟아 붓는 기업도 많다. 이는 모두 전략이 부실하기 때문이다.

경영을 잘하는 것과 사회적 책임을 잘 수행하는 것은 별개가 아니다. 무엇보다 중요한 것은 기업이 사회적 책임을 이윤 창출의 기회로 인식해야 한다는 점이다. 기업이 사회책임 활동을 사회에 자선을 베푸는 행위라고 여기기 시작하면 자칫 오만해질 수 있다. 자기만족뿐 아니라 새로운 경쟁력까지 창출할 수 있는 기회라고 여겨야 더욱 신중하고 효율적인 사회책임 전략을 수립할 수 있다.

하지만 실제로 사회책임 활동을 적극적으로 펼치는 기업들을 보면 기업 이미지를 제고하는 수준에서 만족하는 경우가 많다. 여기서 우리가 쉽게 간과하는 것이 있다. 착한 것에 호감을 느끼는 사람이 늘고 있긴 하지만 그럼에도 불구하고 현실적으로는 합리적인 소비자가 훨씬 더 많다는 사실이다. 사람들은 마음으로는 착한 기업을 지지하더라도 정작 시장에서 구매할 때는 가격이나 품질 면에서 경쟁력 있는 제품을 선택하곤 한다. 그러므로 아무리 조건 없는 나눔을 실천하는 착한 기업이라 해도 기업 이미지만으로는 이윤을 창출하는 데 한계가 있을 수밖에 없다. 들인 공이 있는데, 그래도 아무 상관없겠는가?

　기업의 본질을 잊어서는 안 된다. 사회책임 활동으로 쓰는 자원과 시간 모두 기업의 비용이다. 이러한 자원을 쓸 때는 그 이상의 가치를 창출해야 한다. 이는 단순히 기업이 이익을 추구하는 것과는 다른 이야기다. 여기서 말하고자 하는 것은 기업의 경쟁력을 기업의 사회적 책임에서 찾아내어 단순한 '나눔'이 아닌 '투자'의 개념으로 사용하라는 것이다. 기업의 일반적인 투자 활동처럼 사회책임 활동도 정교한 전략을 수립해 미래 지향적으로 펼쳐나가야 할 것이다.
　'착한 기업'이 되는 것은 좋지만 그것을 실행하기 위한 '전략'마저 착해서는 안 된다. 경쟁이 치열한 경영 환경에서도 존경받는 기업으로 살아남고 싶다면 '스마트 기업'으로 나아가야 한다. 이 책을 통해 기업의 본질을 확실하게 정립하고 지금까지의 사회책임 활동을 점검한 후, 기업과 사회적 자원을 효율적으로 사용해 가치 창출을 극대화할 수 있기를 바란다. 사회 또한 기업의 본질을 이해하고 그들의 가치 창출 활동을 성원해준다면 기업과 사회가 윈윈 하는 선순한 관계가 지속될 수 있을 것이다.

| 참고 문헌 |

Part 1

1 "스타벅스에서 공정무역 커피 즐겨요", 〈머니투데이〉, 2010. 5. 4

2 "A Stitch in Time", *The Economist*, 2008. 1. 17

3 Bas Arts, "'Green Alliance' of Business and NGOs. New Style of Self−regulation or 'Dean−End' Roads?", *Corporate Social Responsibility and Environmental Management*, 9, 2002: pp. 26~36

4 한국과학기술원 사회책임경영연구센터 · 대한상공회의소 지속가능경영원, 〈우리나라 기업의 사회책임경영 현황 및 전망에 관한 조사 보고서〉, 2006

5 전국경제인연합회, 〈2010 기업 및 기업재단의 사회공헌백서〉, 2011

6 에델만, "2012년 에델만 신뢰도 지표조사 결과 발표", http://www.edelman.kr/sites/kr/pages/insights.aspx?ItemID=24

7 http://www.msd−korea.com/responsibility/donations/mectizan−programs/home.html

8 "Education for Executives: Teaching the Golden Rules", *The Wall Street Journal*, 2009. 11. 19

9 "주는 자에게 福이 있다", 〈한국경제〉, 2009. 12. 29

10 "존경받는 부자를 꿈꾸며", 〈매일경제〉, 2003. 7. 7

11 "쌀 뒤주에서 배우는 부자철학", 〈머니투데이〉, 2006. 10. 11

12 Geoffrey Sprinkle and Laureen Maines, *The Benefits and Costs of Corporate Social Responsibility*, Kelley School of Business: Indiana, 2010

13 http://www.benjerry.com/activism/peace−and−justice/community−action/

14 "PUMASSI 한국형 원조 노하우 찾아라 〈1〉 도와주는 것은 좋은데", 〈동아일보〉, 2011. 1. 14

15 Garrett Hardin, "The Tragedy of Commons", *Science 162*, 1968: pp. 1243~1248

16 "전주 '사랑의 쌀 뒤주', 몰양심에 퇴출위기", 연합뉴스, 2007. 12. 7. 전주 금암1동 외에도 전국 곳곳에서 '사랑의 쌀 뒤주 제도'를 운영하고 있다.

17 "Body Shop Agrees L'Oreal Takeover", BBC News, 2006. 3. 17

18 "The Ethics of Business", *The Economist*(Print Edition), 2005. 1. 20

19 Michael Porter and Mark Kramer, "The Link between Competitive Advantage and

Corporate Social Responsibility", *Harvard Business Review*, 84(1/2), 2006: pp. 78~92

20 "The Union of Concerned Executives", *The Economist* (Print Edition), 2005. 1. 20

21 "No Good Business Can Call Itself a Good Corporate Citizen If It Fritters Away Shareholder Money", *The Economist*, 2008. 1. 17

22 "The Next Question", *The Economist* (Print Edition), 2008. 1. 7

23 Melvin Scorcher and James Brant, "Are You Picking the Right Leaders?", *Harvard Business Review*, 80(2), 2002: pp. 78~85

24 서브웨이 공식 웹 사이트. http://www.subway.com/ 10개의 단체 중 유니세프 (UNICEF)와 세이브더칠드런(Save the Children)을 제외한 여덟 개의 단체가 모두 암, 심장 질환 및 아동 건강과 관련이 있다.

25 "Subway Hits the Spot", *Entrepreneur Magazine*, 2009. 1

26 Timberland, *Engaging Employees: Timberland's Global Stewards Program 2009 Report*, 2009

27 "이마트, LG생활건강 나눔 마케팅", 〈내일신문〉, 2006. 3. 2

28 "공익 마케팅, 기업이 잘하는 분야와 연계해야", 〈중앙일보〉, 2010. 12. 7

29 동아시아연구원. "기업의 사회적 책임 세계인식 편차와 우리나라 CSR 과제", 〈EAI CSR 브리핑〉(4호), 2009

30 대한상공회의소, "기업 이미지가 구매에 미치는 영향 조사", 2011. 6. 16

31 "월마트 '포장 줄여 3조원 아낀다'", 〈한국경제〉, 2006. 9. 24

32 Hwychang Moon, *Global Business Strategy*, World Scientific: Singapore, 2010: p. 89

33 문휘창, "노벨식 경영과 우리나라의 재벌경영", 〈동아비즈니스리뷰〉(75호), 2011: pp. 88~91

Part 2

1 Hwychang Moon, Jimmyn Parc, Sohyun Yim, and Nari Park, "An Extension of Porter and Kramer's Creating Shared Value (CSV): Reorienting Strategies and Seeking International Cooperation", *Journal of International and Area Studies*, 18(2), 2011: pp. 49~64

2 Michael Porter and Mark Kramer, "Philanthropy's New Agenda: Creating Value", *Harvard Business Review*, 77(6), 1999: pp. 121~130

3 Michael Porter and Mark Kramer, "The Competitive Advantage of Corporate Philanthropy", *Harvard Business Review*, 80(12), 2002: pp. 56~69

4 Michael Porter and Mark Kramer, "The Link between Competitive Advantage and Corporate Social Responsibility", *Harvard Business Review*, 84(12), 2006: pp. 78~92

5 Michael Porter and Mark Kramer, "Creating Shared Value", *Harvard Business Review*, 89(1/2), 2011: pp. 62~77

6 Adam Smith, *An Inquiry into the Nature and Causes of the Wealth of Nations*, The Modern Library: New York, 1776(1937)

7 "Raising Bill Gates", *The Wall Street Journal*, 2009. 4. 25

8 "Nestle Chairman: 'Don't Go to the Top'", *Forbes*, 2011. 3. 25

9 Adam Smith, *The Theory of Moral Sentiments*, MetaLibri: São Paulo, 1759(2006)

10 Ibid.

11 Adam Smith, *An Inquiry into the Nature and Causes of the Wealth of Nations*, The Modern Library: New York, 1776(1937)

12 "Profit and the Public Good", *The Economist*, 2005. 1. 20

13 Adam Smith, *The Theory of Moral Sentiments*, MetaLibri: São Paulo, 1759(2006)

14 Ibid.

15 CNNMoney, http://money.cnn.com/magazines/fortune/global500/2011/index.html

16 각 기업의 공식 웹 사이트 참고

17 Milton Friedman, "The Social Responsibility of Business is to Increase its Profits", *The New York Times Magazine*, 1970. 9. 13

18 Michael Porter and Mark Kramer, "The Competitive Advantage of Corporate Philanthropy", *Harvard Business Review*, 80(12), 2002: pp. 56~69

19 Ibid.

20 Michael Porter and Mark Kramer, "The Link between Competitive Advantage and Corporate Social Responsibility", *Harvard Business Review*, 84(12), 2006: pp. 78~92

21 Michael Porter and Mark Kramer, "Creating Shared Value", *Harvard Business Review*,

89(1/2), 2011: pp. 62~77

22 Bill Gates, "A New Approach to Capitalism in the 21st Century", Remarks at World Economic Forum 2008. http://www.microsoft.com/presspass/exec/billg/speeches/2008/01-24wefdavos.mspx

23 GE의 고등학교 지원 프로그램 내용은 마이클 포터와 마크 크레이머의 "The Link between Competitive Advantage and Corporate Social Responsibility"(HBR, 2006)와 필자의 글 "이윤 창출의 새로운 원천, CSR"(DBR, 2010)의 내용을 재구성한 것이다.

Part 3

1 Hwychang Moon, Jimmyn Parc, Sohyun Yim, and Nari Park, "An Extension of Porter and Kramer's Creating Shared Value (CSV): Reorienting Strategies and Seeking International Cooperation", *Journal of International and Area Studies*, 18(2), 2011: pp. 49~64. 이 글에서 마이클 포터와 마크 크레이머의 "Creating Shared Value"(2011)의 이론적 문제점과 그 해결책을 구체적으로 설명했다.

2 네슬레 공식 웹 사이트, http://www.nestle.com/CSV/CreatingSharedValueCaseStudies/Pages/CaseStudy.aspx

3 문휘창, "사회적 책임에서 사회적 기회로: 제일 잘하는 분야를 선택해서 공략하라", 〈월간 신한리뷰〉(1월 호), 2012: pp. 2~5

4 KT, 〈지속가능경영 보고서〉, 2011

5 "브리지스톤의 위기 극복 스토리", 디지털조선일보 이코노미플러스, 2010. 9. 3 http://m-economy.chosun.com/view.php?boardName=C12&t_num=4878

6 LG경제연구원, "CSR과 기업 경쟁력", 〈LG Business Insight〉, 2010. 8. 4

7 "음식도 먹고 기부도 하는 푸드네이션을 아시나요?", 〈파이낸셜뉴스〉, 2009. 7. 17

8 문휘창, "이윤 창출의 새로운 원천, CSR", 〈동아비즈니스리뷰〉(53호), 2010: pp. 92~95

9 포스코경영연구소, "현지화로 성공한 힌두스탄 유니레버," 〈Chindia Journal〉(35호), 2009: pp. 53~55

10 "'지구 살리자' 안 먹힌 필립스 전구… 6년 뒤엔 '전기료 줄여준다' 대박", 〈중앙일보〉,

2010. 6. 15. http://article.joinsmsn.com/news/article/article.asp?total_id=4241877&ctg=1100&cloc=home | list | list3

11 LG경제연구원, "CSR과 기업 경쟁력", 〈LG Business Insight〉, 2010. 8. 4

12 Michael Porter, *Competitive Advantage*, Free Press: New York, 1985. 국내에는 《마이클 포터의 국가 경쟁우위》(문휘창 역, 21세기북스, 2009)라는 제목으로 번역되었다.

13 "스마트물류, 녹색물류와 통하네", 〈전자신문〉, 2011. 4. 4

14 "철강생산, 파이넥스가 대세", 〈동아일보〉, 2011. 6. 30

15 홀푸드 공식 웹 사이트, http://www.wholefoodsmarket.com/

16 크리스티나 아레나, 《휴렛팩커드가 산골마을을 찾은 이유》(양세영 역), 지식의 날개, 2007

17 "두산그룹 해수 담수화 세계 톱 경쟁력", 〈한국경제〉, 2006. 8. 17

18 크리스티나 아레나, 《휴렛팩커드가 산골마을을 찾은 이유》(양세영 역), 지식의 날개, 2007

19 Kuppam HP i-Community, http://www.kupnet.org/

20 전재호, 《코즈 마케팅》, 새로운 제안, 2010: pp. 118~123

21 Hewlett-Packard, *Good Citizenship Report 2005*, 2005

22 한국능률협회컨설팅, "2012년도 제9차 한국에서 가장 존경받는 기업 결과 발표", http://www.kmac.co.kr

23 유한킴벌리, 〈2010 사회책임경영보고서 사람이 희망이다〉, 2010. 2010년 1월부터 2월 사이에 사원 481명, 협력회사 138명, 지역사회 130명, 고객 5281명 등 총 6030명을 대상으로 조사한 결과다.

24 유한킴벌리 공식 웹 사이트, http://www.yuhan-kimberly.co.kr/

25 문국현·조동성·ID&Associates consulting, 《세계가 배우는 한국 기업의 희망 유한킴벌리》, 한스미디어, 2005

26 한국생산성본부, "중소기업 사회적책임 경영 실태조사", 2008

GOOD TO SMART
──────── 굿 투 스마트 ────────

1판 1쇄 발행 2012년 3월 15일
1판 2쇄 발행 2012년 4월 16일

지은이 | 문휘창

발행인 | 김재호
편집인 | 이재호
출판팀장 | 안영배

편집장 | 이기숙
기획 · 편집 | 이혜선
아트디렉터 | 윤상석
디자인 | 박은경
마케팅 | 이정훈 · 유인석 · 정택구 · 박수진
교정 | 황금희
인쇄 | 미르P&P

펴낸곳 | 동아일보사
등록 | 1968.11.9(1-75)
주소 | 서울시 서대문구 충정로3가 139번지(120-715)
마케팅 | 02-361-1030~3 팩스 02-361-1041
편집 | 02-361-0993 팩스 02-361-0979
홈페이지 | http://books.donga.com

ISBN 978-89-7090-886-1 03320
값 13,000원